PHILIPPE CORCUFF
Maître de conférences à l'Institut d'études politiques
Université de Lyon II

LES NOUVELLES SOCIOLOGIES

Constructions de la réalité sociale

ouvrage p
Fr

NATHAN

Édition : Claire Hennaut
Conception de couverture : Noémi Adda
Conception graphique intérieure : Agence Media
Réalisation P.A.O. : Isabelle Cueille

ISBN 209 190748-9

SOMMAIRE

INTRODUCTION

Quels sont les concepts qui ont été travaillés et discutés en sociologie dans les années 1980 et au début des années 1990 en France ? Quelles ont été tout à la fois les directions prises par les sociologues français et les usages qui ont été faits des productions étrangères ? Une part de la réalité pourrait être mobilisée pour alimenter un constat pessimiste : multiplicité des paradigmes et des références théoriques, rivalités entre «écoles», hyperspécialisation des sous-champs disciplinaires, faible fréquence des débats, etc. On peut se demander parfois si l'on a véritablement affaire à *une* discipline scientifique ou à la simple juxtaposition d'orientations et de travaux très disparates. Mais on n'aurait là qu'un aspect de la réalité, celui certes qui pousse à une certaine inertie du travail et du débat scientifiques, pas le plus intéressant pour l'avenir. Car, dans le même temps, des convergences inédites, bien que pas toujours clairement perçues, se sont manifestées dans des recherches ayant des points de départ et des ressources conceptuelles assez diverses. Ainsi les sociologues français les plus inventifs, en prenant souvent appui sur des travaux étrangers, tentent par divers moyens de sortir d'antinomies classiques (comme matériel/idéel, objectif/subjectif, collectif/individuel ou macro/micro) qui, si elles sont constitutives de la sociologie, ont aujourd'hui un rôle souvent peu productif. Contre ces oppositions devenues de plus en plus stérilisantes s'est dessiné peu à peu un nouvel espace de questions et de problèmes que l'on a choisi d'appeler ici *constructivisme social*, car la réalité sociale tend à y être appréhendée comme *construite* (et non comme «naturelle» ou «donnée» une fois pour toutes). Pour ce faire, de nouvelles lectures d'auteurs classiques ont été avancées, des auteurs étrangers (pas nécessairement «nouveaux») ont été discutés ou rediscutés, de nouveaux terrains d'investigation ont été explorés. Le champ de la sociologie française contemporaine n'est donc pas seulement fragmenté, mais des perspectives communes peuvent être identifiées parmi les sociologues en mouvement.

C'est cette galaxie d'efforts — différents sous tout un ensemble de rapports mais posant également une série de problèmes semblables — et surtout leurs univers conceptuels de référence, que nous avons nommés *nouvelles sociologies*. Nous serons alors amenés à faire état de quelques-uns des échanges interdisciplinaires qui ont contribué à nourrir ce renouvellement problématique : entre la sociologie et la philosophie, comme entre la sociologie et les autres sciences de l'homme et de la société (science politique, histoire, ethnologie, économie, linguistique, psychologie, etc.). Nous situant dans un espace de travaux où la notion de rigueur scientifique a un sens, nous avons éliminé les écrits qui peuvent s'autoproclamer «nouveaux» mais qui se rapprochent davantage de l'essayisme de type journalistique que des exigences propres aux sciences sociales. Par ailleurs, si nous avons tenté de dégager des lignes de force, notre travail n'a aucune prétention à l'exhaustivité. Enfin, cet ouvrage se veut une invitation à la lecture de textes importants et un guide pour cette lecture, et non un substitut à celle-ci.

L'itinéraire proposé[1] dans ce livre, à travers différentes manières de décrire, de comprendre et d'expliquer les univers sociaux, est d'abord destiné aux étudiants de premier cycle, puis aux enseignants et aux chercheurs en sciences sociales ; mais la visée pédagogique de l'ouvrage le rendra également accessible à tous ceux qui sont en quête de grilles d'analyse pour déchiffrer le monde dans lequel ils vivent, même si — faut-il le rappeler — les outils et les résultats des sciences sont toujours provisoires…

1. Je voudrais remercier ici tous ceux qui ont facilité ce travail, et en particulier ceux qui, dans l'urgence, ont répondu avec bienveillance à mes dernières sollicitations, j'ai nommé Alain Accardo, Philippe Chanial, Annie Collovald, Patricia Corcuff et Claudette Lafaye.

1

DE QUELQUES OPPOSITIONS CLASSIQUES EN SCIENCES SOCIALES

Depuis leurs débuts, les sciences sociales se débattent avec toute une série de couples de concepts, comme matériel/idéel, objectif/subjectif ou collectif/individuel. Ces *paired concepts*, comme les ont nommés Reinhard Bendix et Bennett Berger[1], tendent à nous faire voir le monde social de manière dichotomique. Ils invitent les chercheurs à choisir leur camp (le collectif contre l'individuel ou le subjectif contre l'objectif). Or, la répétition et la solidification de ces modes de pensée binaires apparaissent assez ruineuses pour la compréhension et l'explication de phénomènes sociaux complexes. La *galaxie constructiviste*, que nous allons présenter dans les chapitres suivants, s'efforce justement de dépasser ces oppositions et de penser ensemble des aspects de la réalité classiquement appréhendés comme antagonistes. Ce faisant, elle offre des pistes pour écarter des débats scientifiques tout un ensemble de faux problèmes. L'opposition entre des macro-sociologies, s'intéressant aux unités sociales les plus larges (comme en économie la macro-économie), et des micro-sociologies, renvoyant aux unités sociales les plus petites (comme en économie la micro-économie), a, quant à elle, un statut un peu à part dans les discussions sociologiques contemporaines. Le dépassement, souhaitable, d'une telle antinomie est pour l'instant moins assuré. Des pistes sont certes proposées, mais elles doivent être consolidées et complétées, et le débat approfondi.

1. Cf. «Images of Society and Problems of Concept Formation in Sociology», dans L. Gross (éd.), *Symposium on Sociological Theory*, New York, *Harper and Row Publishers*, 1959.

1. L'HÉRITAGE DE LA PHILOSOPHIE

La sociologie est assez largement issue des traditions philosophiques. Elle en a gardé quelques traces conceptuelles, en particulier les oppositions traditionnelles entre idéalisme et matérialisme, sujet et objet. Consulter le vénérable *Vocabulaire technique et critique de la philosophie* d'André Lalande[2] peut alors être utile pour commencer à identifier cet héritage.

1.1 Idéalisme et matérialisme

Dans la tradition philosophique, *l'idéalisme* «consiste à ramener toute existence à la pensée» (*ibid.*, pp. 435-436), *le matérialisme* étant la «doctrine d'après laquelle il n'existe d'autre substance que la matière» (p. 591). L'opposition entre les idées et la matière est elle-même souvent associée à d'autres couples de concepts, comme esprit/corps ou idéal/réel.

Karl Marx (1818-1883) a repris la distinction philosophique entre le matérialisme et l'idéalisme dans le domaine de l'analyse historique, en affirmant une certaine forme de matérialisme qui, dans certains de ses textes les plus simplificateurs mais les plus commentés par ses épigones «marxistes», a pris une tournure mécaniste et économiste. C'est le cas tout particulièrement dans cet extrait de l'avant-propos à la *Critique de l'économie politique* (1859) : «Dans la production sociale de leur existence, les hommes nouent des rapports déterminés, nécessaires, indépendants de leur volonté ; ces rapports de production correspondent à un degré donné du développement de leurs forces productives matérielles. L'ensemble de ces rapports forme la structure économique de la société, la fondation réelle sur laquelle s'élève l'édifice juridique et politique, et à quoi répondent des formes déterminées de la conscience sociale[3].» On

2. Paris, PUF, coll. «Quadrige», 2 tomes, 1992 (1re éd. 1926).
3. Trad. franç., dans K. Marx : *Œuvres*, *Économie 1*, éd. établie par Maximilien Rubel, Paris, Gallimard, «Bibliothèque de la Pléiade», 1965, pp. 272-273.

aurait donc d'un côté une «superstructure» (dont «la conscience sociale») plongeant ses racines dans une «infrastructure» («la structure économique»). Ce type d'approche a joué un certain rôle dans les années 1950-1970, où le débat autour du «marxisme» a eu des effets importants dans les sciences sociales, ce qui aujourd'hui s'est estompé. Toutefois l'opposition infrastructure/superstructure, réactivant des couples plus anciens en philosophie, comme essence/apparence ou réel/apparence, n'est pas sans impact encore actuellement au sein de nos disciplines, dans la façon binaire d'opposer un «vrai» réel (plus «dur» et plus «déterminant») à un réel plus «superficiel» ou plus «illusoire» (plus «faux» et plus «déterminé»).

Il faut noter également que les sciences sociales ont vu se développer plus récemment des usages moins mécanistes et économistes de Marx, prenant appui sur d'autres écrits plus complexes, comme les *Thèses sur Feuerbach* (1845) où Marx, critiquant tout à la fois les matérialismes et les idéalismes antérieurs, tentait un dépassement de la polarité. C'est la voie suivie par le sociologue américain David Rubinstein qui, lisant d'une autre manière Marx et établissant des parallèles avec la dernière philosophie de Ludwig Wittgenstein (1889-1951), a proposé des pistes pour sortir des oppositions classiques. En anthropologie, Maurice Godelier, s'inscrivant au départ dans une inspiration marxienne, a avancé des réflexions sur «la part idéelle du réel» : «tout rapport social, quel qu'il soit, inclut une part idéelle, une part de pensée, de représentations ; ces représentations ne sont pas seulement la forme que revêt ce rapport pour la conscience, mais font partie de son contenu», alors «la pensée n'apparaît plus comme un niveau séparé d'autres niveaux», «ce qui n'implique pas que tout soit idéel dans le réel», ni que les représentations des acteurs relèvent nécessairement de la conscience[4]. C'est dans une voie convergente que s'inscrivent les perspectives constructivistes.

4. *L'Idéel et le Matériel*, Paris, Fayard, 1984, pp. 171, 182, 199 et 222.

1.2 Le sujet et l'objet

Un autre schéma classique en philosophie met en scène *un sujet* face à un monde d'*objets*. C'est le plus souvent dans leur opposition que ces deux notions sont identifiées. Les définitions données de la notion d'*objectif*[5] nous révèlent un certain nombre de variations sémantiques qui se sont sédimentées à travers les usages philosophiques, telles que :
– « Opposé à subjectif (au sens d'apparent, irréel) : qui constitue un objet, une réalité subsistant "en elle-même", c'est-à-dire indépendamment de toute connaissance ou idée » ;
– « Opposé à subjectif au sens d'individuel — Valable pour tous les esprits, et non seulement pour tel ou tel individu » ;
– « Indépendant de la volonté, comme le sont les phénomènes physiques » ;
– « Opposé à subjectif (au sens de conscient, mental) (...) la méthode objective est celle de l'observation extérieure », visant alors « le monde objectif ou extérieur » (opposé à « intérieur »).

On voit bien ici tout un ensemble de ramifications sémantiques avec des *paired concepts* déjà envisagés ou d'autres (comme individuel/collectif, volontaire/involontaire, conscient/inconscient ou intérieur/extérieur).

Les usages sociologiques s'inscrivent dans l'histoire de ces usages philosophiques qui les ont précédés. On retiendra deux grandes catégories d'usages, que les chercheurs en sciences sociales en quête d'une autre voie ont pris pour cibles. Pierre Bourdieu, dans sa double critique de l'objectivisme et du subjectivisme, donne ainsi deux définitions successives de l'objectivisme dans *Le Sens pratique*[6] :
1. L'objectivisme « se donne pour projet d'établir des régularités objectives (structures, lois, systèmes de relations, etc.) indépendantes des consciences et des volontés individuelles » (p. 44). On a là, d'un côté, *des*

5. *Vocabulaire..., op. cit.,* pp. 695-701.
6. Paris, Minuit, 1980.

régularités, des structures et, implicitement, du collectif et de l'extérieur et, de l'autre, *des consciences, des volontés, des individus et, donc, de l'intérieur*. Dans cette perspective, l'objectivisme affirme le primat de l'objectif dans l'analyse des phénomènes sociaux et le subjectivisme la supériorité du subjectif.

2. «L'objectivisme constitue le monde social comme un spectacle offert à un observateur qui prend "un point de vue" sur l'action et qui, important dans l'objet les principes de sa relation à l'objet, fait comme s'il était destiné à la seule connaissance» (p. 87). Sont opposés plus ou moins explicitement, dans cette définition, *observateur, spectacle, et connaissance extérieure-théorique* à *acteur, action et connaissance intérieure-pratique* ; l'objectivisme est alors un mode de rapport à l'objet sociologique tendant à lui donner *a priori*, du fait notamment d'une position extérieure méconnaissant les usages pratiques qui le constituent, une certaine fixité et homogénéité, comme une chose placée là devant soi. Inversement, la posture subjectiviste prendrait sur l'action les points de vue des sujets agissants.

À travers ces deux définitions critiques, objectivisme et subjectivisme apparaissent alors, dans les sciences sociales, comme des approches susceptibles d'associer plus ou moins explicitement deux niveaux d'analyse : 1°) des univers conceptuels concurrents rendant compte des phénomènes sociaux à partir de points de départ différents (primat du monde objectif ou du sujet), et 2°) des postures différentes engagées par le chercheur face à l'objet sociologique qu'il tente de construire. Toutefois avec l'objectivisme et le subjectivisme, on a affaire à deux pôles de l'analyse sociologique, et l'on peut trouver dans la production ordinaire des sciences sociales des travaux se contentant de juxtaposer des approches objectivistes et subjectivistes.

L'enjeu, pour les sociologues s'efforçant de sortir des chemins trop bien balisés, est alors double : 1°) sur le plan conceptuel, rendre compte des relations entre les aspects objectifs et subjectifs du monde social et 2°) quant à la construction de l'objet sociologique, établir des passages entre le point de vue extérieur de l'observateur sur ce qu'il observe et les façons dont les acteurs perçoivent et vivent ce qu'ils font dans le cours de leurs actions. Le deuxième point appelle la mise en œuvre d'une *réflexivité sociologique* de la part du chercheur, parce qu'il doit intégrer dans sa construction de l'objet une réflexion sur sa relation à l'objet.

2. Au cœur de la sociologie : le collectif et l'individuel

Si, comme nous venons de le voir, la sociologie a hérité un certain nombre de *paired concepts* de la philosophie, elle a tout particulièrement été marquée, dès ses premiers moments, par l'opposition entre le collectif et l'individuel, «la société» et «l'individu». Pour illustrer ce débat toujours récurrent, on s'arrêtera sur la sociologie d'Émile Durkheim (1858-1917), puis sur ce que l'on appelle aujourd'hui «l'individualisme méthodologique».

2.1 La valorisation du collectif chez Émile Durkheim

Pour le Durkheim des *Règles de la méthode sociologique*[7], le collectif (ou le social), distingué de l'individuel relevant de la psychologie, est à la base de la définition même de la sociologie. Le social constitue une entité spécifique : «la société n'est pas une simple somme d'individus, mais le système formé par leur association représente une réalité qui a ses caractères propres» (pp. 102-103). Cette société, du fait notamment qu'elle «dépasse infiniment l'individu dans le temps comme dans l'espace», est alors «en état de lui imposer les manières d'agir et de penser qu'elle a consacrées de son autorité» (pp. 101-102). D'où la «règle» suivante pour le sociologue : «La cause déterminante d'un fait social doit être recherchée parmi les faits sociaux antécédents, et non parmi les états de conscience individuelle» (p. 109) ; le «fait social» étant défini ainsi :

7. Paris, PUF, coll. «Quadridge», 1981 (1re éd. 1895).

« toute manière de faire, fixée ou non, susceptible d'exercer sur l'individu une contrainte extérieure ; ou bien encore, qui est générale dans l'étendue d'une société donnée tout en ayant une existence propre indépendante de ses manifestations individuelles » (p. 14). Le collectif renvoie donc chez Durkheim tout à la fois à la notion de contrainte extérieure s'imposant aux individus et à un domaine de validité, dans l'espace et dans le temps, qui déborde largement les consciences individuelles, ce qui lui permet de prendre une consistance indépendante des individus qui le composent. Il est également associé à un point de vue objectiviste : « notre principe fondamental : la réalité objective des faits sociaux » (préface à la seconde édition, 1901, p. XXIII).

Cette lecture traditionnelle et rapide doit être relativisée. Comme la plupart des auteurs, Durkheim ne nous a pas légué une œuvre lisse et homogène qui ne laisserait place qu'à un seul type d'interprétation. On peut trouver également dans ses écrits des éléments d'une orientation plus constructiviste, c'est-à-dire d'une approche des processus sociaux d'objectivation et de solidification de la réalité, ne s'arrêtant donc pas à une posture objectiviste qui se contenterait d'enregistrer un donné «objectif». C'est une piste qu'ont explorée les lectures de François Héran et de Bernard Lacroix. Mais ces nouveaux éclairages n'effacent toutefois pas la tendance chez Durkheim à l'hypostase du collectif et de la société par rapport à leurs composants individuels.

2.2 L'individualisme méthodologique

L'accent porté sur le collectif dans la sociologie durkheimienne a suscité des réactions appelant à prendre davantage en compte les éléments individuels. Cette réaction a pris une forme radicale avec ce que Raymond Boudon et d'autres nomment aujourd'hui « l'individualisme méthodologique ». Ces sociologues partent de la critique de ce qu'ils appellent «sociologisme» ou « holisme » (qui considère le *tout* plutôt que ses parties), c'est-à-dire de la mise en cause « du postulat selon lequel l'individu, étant le produit des structures sociales, peut être négligé dans l'analyse[8]». À l'inverse, l'individualisme méthodologique énonce que «pour expliquer un phénomène social quelconque — que celui-ci relève de la démographie, de la science politique, de la sociologie ou de toute autre science sociale particulière —, il est indispensable de reconstruire les motivations des individus concernés par le phénomène en question et d'appréhender ce phénomène comme le résultat de l'agrégation des comportements individuels dictés par ces motivations. Et cette proposition est valable quelle que soit la forme du phénomène à expliquer, qu'il s'agisse d'une singularité, d'une régularité statistique, qu'il se traduise par un ensemble de données quantitatives ou qualitatives, etc.[9]» Les individus sont donc considérés comme les atomes de base de l'analyse de processus sociaux et le collectif envisagé comme un simple résultat des activités individuelles, à travers des *effets d'agrégation et de composition*. Ainsi, «les phénomènes sociaux étant toujours des composés d'actions, le sociologue doit les ramener aux actions individuelles qui les composent[10]». L'économie (plutôt dans son versant néo-classique autour du paradigme du marché) est alors présentée comme la discipline de référence, du fait que cette méthodologie y apparaît «traditionnelle». La sociologie individualiste partage alors avec elle le «postulat de rationalité» des acteurs ; c'est pourquoi ses adversaires parlent parfois de «sociologie libérale» (au sens du libéralisme économique et de son *homo œconomicus*, procédant à des calculs coûts/avantages). On doit noter toutefois que les travaux de Raymond Boudon sont souvent plus complexes qu'une application stricte de ces principes systématiques et exclusifs.

À travers l'opposition rituelle du collectif et de l'individuel, c'est la difficulté pour les sciences sociales à penser *la coproduction des parties et du tout* qui est notamment en jeu. C'est un problème qu'a essayé de

8. Raymond Boudon et François Bourricaud, *Dictionnaire critique de la sociologie*, Paris, PUF, 1982, p. 287.
9. R. Boudon, «Individualisme et holisme dans les sciences sociales», dans P. Birnbaum et J. Leca (éds) *Sur l'individualisme*, Paris, Presses de la FNSP, 1986, p. 46.
10. *Dictionnaire...*, *op. cit.*, p. 4.

poser, il y a déjà un certain temps, le psychologue Jean Piaget (1896-1980) dans des réflexions sociologiques : «le tout social n'est ni la réunion d'éléments antérieurs, ni une entité nouvelle, mais un système de rapports dont chacun engendre, en tant que rapport même, une transformation des termes qu'il relie[11]». Cette question a été reformulée plus récemment par le philosophe-économiste Jean-Pierre Dupuy dans une lecture fort hétérodoxe de l'histoire du libéralisme économique, qui le mène à l'idée d'une «codétermination du tout et des parties» : «Le tout continue à résulter de la composition des éléments, mais ceux-ci dépendent simultanément du tout. Il n'y a plus de relation de déduction, mais de détermination circulaire[12].» C'est un défi qu'ont pris en charge, de diverses manières, les problématiques que nous avons nommées constructivistes, et qui suppose un déplacement de *l'objet même de la sociologie* : ni la société ni les individus, envisagés comme des entités séparées, mais *les relations entre individus (au sens large, et pas seulement les interactions de face-à-face), ainsi que les univers objectivés qu'elles fabriquent et qui leur servent de supports, en tant qu'ils sont constitutifs tout à la fois des individus et des phénomènes sociaux*. Au demeurant, l'individualisme méthodologique ne néglige pas seulement la dimension *intersubjective* (les relations entre individus) de la réalité sociale, mais également, comme le note le philosophe Michael Sandel dans ses critiques des présupposés individualistes du libéralisme américain[13], sa dimension *intra-subjective*, c'est-à-dire la pluralité des identités constituant un même individu, ses personnalités multiples. Contre tout à la fois le holisme et l'individualisme, les nouvelles sociologies tendent alors à appréhender *des individus pluriels produits et producteurs de rapports sociaux variés*.

---

11. «L'explication en sociologie» (1re éd. 1951), dans *Études sociologiques*, Genève, Droz, 1965, p. 29.
12. «L'individu libéral, cet inconnu : d'Adam Smith à Friedrich Hayek», dans C. Audard *et al.*, *Individu et justice sociale*, Paris, Seuil, coll. «Points Politique», 1988, pp. 81-82.
13. *Liberalism and the Limits of Justice*, Cambridge, Cambridge University Press, 1982, pp. 62-63.

3. Vers une problématique constructiviste

Ce que nous qualifions de problématique constructiviste ne doit pas être considéré comme une nouvelle «école» ou un nouveau «courant» doté d'une homogénéité. Il s'agit plutôt d'un espace de problèmes et de questions, auxquels travaillent des chercheurs très divers quant à leurs itinéraires intellectuels, aux ressources conceptuelles utilisées, aux méthodes mises en œuvre ou à leurs rapports au travail empirique. On a donc davantage affaire, pour reprendre des expressions de Wittgenstein, à *un air de famille* entre ces différents travaux et auteurs qu'à une substance commune qui se dévoilerait derrière le substantif «constructivisme». On peut toutefois identifier, malgré les différences bien réelles, quelques convergences tendancielles, dont on va essayer de donner une formulation synthétique, avant de préciser les apports respectifs de chacun des auteurs retenus.

Dans une perspective constructiviste, les réalités sociales sont appréhendées comme des constructions historiques et quotidiennes des acteurs individuels et collectifs. Cet enchevêtrement de constructions plurielles, individuelles et collectives, ne relevant d'ailleurs pas nécessairement d'une claire volonté, tend à échapper au contrôle des différents acteurs en présence. Le mot *constructions* renvoie tout à la fois aux produits (plus ou moins durables ou temporaires) des élaborations antérieures et aux processus en cours de restructuration. *L'historicité* constitue alors une notion majeure pour les constructivismes, sous un triple aspect : 1°) le monde social se construit *à partir des pré-constructions passées* ; on suit sur ce point Marx : «Les hommes font leur propre histoire, mais ils ne la font pas arbitrairement, dans des conditions choisies par eux, mais dans des conditions directement données et héritées du passé[14]» ; 2°) les formes sociales passées sont reproduites, appropriées, déplacées et transformées alors que d'autres sont inventées, *dans les pratiques et les interactions* (de face-à-face, mais aussi téléphoniques, épistolaires, etc.) *de la vie quotidienne* des

14. *Le 18 brumaire de Louis Bonaparte* (1re éd. 1852), trad. franç., Paris, Éditions Sociales, p. 15.

acteurs ; et 3°) cet héritage passé et ce travail quotidien *ouvrent sur un champ de possibles dans l'à-venir* ; ainsi que le note le philosophe Jean Ladrière : «L'action, en tant qu'historique, se dépose et s'objective dans une extériorité qui pèse sur l'existant comme une contrainte inéliminable et qui pourtant, en même temps, lui ouvre un avenir réel[15].» Dans ce processus historique, les réalités sociales sont tout à la fois *objectivées* et *intériorisées.* D'une part, elles renvoient à des mondes objectivés : les individus et les groupes se servent de mots, d'objets, de règles et d'institutions, etc., légués par les générations antérieures, ils les transforment et en créent de nouveaux. Ces ressources objectivées, et donc *extériorisées* par rapport à eux, agissent en retour comme contraintes sur leur action, tout en offrant des points d'appui à cette action. D'autre part, ces réalités sociales s'inscrivent dans des mondes subjectifs et intériorisés, constitués notamment de formes de sensibilité, de perception, de représentation et de connaissance. Les modes d'apprentissage et de socialisation rendent possibles l'intériorisation des univers extérieurs, et les pratiques individuelles et collectives des acteurs débouchent sur l'objectivation des univers intérieurs. Il s'agit du double mouvement systématisé par Jean-Paul Sartre (1905-1980), dans le prolongement critique de la philosophie dialectique de Hegel (1770-1831), d'*intériorisation de l'extérieur* et d'*extériorisation de l'intérieur*[16]. Les mondes sociaux extérieurs se caractérisant par une diversité relative, les mondes intérieurs se révèlent eux aussi (plus ou moins) pluriels.

Ces perspectives doivent être distinguées de celles pour lesquelles la réalité sociale ne serait «*que* représentations». C'est une tentation, par exemple, des travaux à la croisée des disciplines psychologiques et des sciences de la communication, comme ceux de Paul Watzlawick, qui se nomment d'ailleurs parfois aussi «constructivistes.[17]» Ces orientations, à

15. «Philosophie politique et philosophie analytique», dans J. Ladrière et P. Van Parijs (éds) *Fondements d'une Théorie de la Justice*, Louvain-La-Neuve, Éditions de l'Institut supérieur de philosophie, 1984, p. 220.
16. *Questions de méthode*, Paris, Gallimard, coll. «Tel», 1986 (1re éd. 1960), pp. 90-92.
17. Cf. P. Watzlawick (éd.), *L'Invention de la réalité - Contributions au constructivisme*, trad. franç., Paris, Seuil, 1988 (1re éd. 1981).

la différence des constructivismes dont nous parlons ici, tendent à délaisser les mécanismes d'objectivation, de matérialisation et de stabilisation des réalités sociales, et donc notamment la façon dont les mondes d'objets qui peuplent nos univers constituent des contraintes et des points d'appui pour nos actions. S'il est vrai que les représentations participent bien à la construction de la réalité sociale, elles sont loin d'épuiser cette réalité. Par ailleurs, les énoncés qui ne font du monde social *que* le produit de nos représentations flirtent avec des formes de scepticisme, voire de nihilisme, quant à l'existence du monde, peu compatibles avec des visées scientifiques. Si les perspectives constructivistes, telles que nous les entendons ici, supposent un *moment de dé-construction* — c'est-à-dire d'interrogation de ce qui se présente comme «donné», «naturel», «intemporel», «nécessaire» et/ou «homogène» — elles appellent ensuite des investigations sur les processus de construction de la réalité sociale (*moment de re-construction*). Dire qu'une maison est «construite» signifie simplement qu'elle est le résultat d'un travail humain et qu'elle n'a pas été là de toute éternité, et non qu'elle n'existe pas, bien au contraire. Les constructivismes sont donc de *nouvelles formes de réalisme*, se distinguant toutefois des formes classiques de positivisme, car interrogeant le «donné» et laissant place à une pluralité de réalités dont les relations doivent être pensées.

Il ne s'agit là que de convergences tendancielles systématisées dans des formulations synthétiques. Les postures des auteurs que nous avons retenus divergent sur tout un ensemble de questions plus ou moins associées, et notamment :

– elles ne manifestent pas la même prise de distance à l'égard d'une conception traditionnelle de l'historicité : la vision *évolutionniste*, c'est-à-dire la vue *unidirectionnelle* (dans une seule direction) et *unidimensionnelle* (les différentes dimensions d'une société évoluant globalement dans le même sens) des mouvements de l'histoire ;

– elles traitent de manière variable la double question, d'une part, de *la permanence* ou de *la discontinuité* d'un même acteur à travers les différentes périodes de sa vie et, d'autre part, de son *unité* ou de son *éclatement* identitaire au cours d'un même moment ;

– elles n'accordent pas toutes une même place à *la réflexivité sociologique* — c'est-à-dire au retour sur soi, sur son activité, sur les outils utilisés ou sur ses rapports avec les enquêtés — dans la construction de l'objet sociologique ;
– elles n'ont pas toutes la même position quant aux rapports entre les formes *savantes* de connaissance de la réalité sociale (propres aux sociologues) et ses formes *ordinaires* (propres aux acteurs) : certaines insistent sur «la rupture épistémologique» entre les deux alors que d'autres s'intéressent davantage à ce qui les rapproche ;
– certaines se présentent comme des *constructions du second degré*, selon l'expression d'Alfred Schütz (1899-1959)[18] — c'est-à-dire comme des modélisations savantes à partir des savoirs ordinaires et des interactions quotidiennes entre acteurs, des *constructions de constructions* donc —, et d'autres intègrent dans leurs schémas *des relations plus larges dans l'espace et dans le temps* entre acteurs, dont ceux-ci n'ont pas nécessairement connaissance et qui ne passent pas par des interactions directes ; à chacun de ces deux pôles, on n'a pas la même acuité visuelle sur les différentes dimensions du monde social ;
– enfin, si elles s'efforcent chacune de dépasser l'opposition entre macro-sociologies et micro-sociologies, entre la saisie de structures sociales englobantes et l'analyse des actions et des interactions de face-à-face des acteurs, elles ne le font pas de la même manière, selon justement qu'elles partent des structures ou des interactions ; c'est en ce sens que la différence de postures identifiée dans le point précédent rejoint la question des relations macro/micro.

Ce sont à la fois les convergences et les spécificités de diverses approches constructivistes que nous allons tenter de dessiner dans les chapitres qui suivent.

18. *Le Chercheur et le quotidien - Phénoménologie des sciences sociales*, trad. franç., Paris, Méridiens-Klincksieck (sélection des *Collected Papers I* et *II*, pub. posth. en 1962 et 1964), p. 79.

2

DES STRUCTURES SOCIALES AUX INTERACTIONS

Nous commencerons notre voyage au sein de la *galaxie constructiviste* par trois auteurs (Norbert Élias, Pierre Bourdieu et Anthony Giddens) qui ont développé leurs travaux dans des contextes temporels et nationaux différents. S'ils ne sont pas «nouveaux» à proprement parler, ils ont suscité un intérêt accru ces dix dernières années dans une communauté sociologique française à la recherche de passages entre l'objectif et le subjectif ou le collectif et l'individuel. Ces trois auteurs ont la particularité de continuer à accorder une certaine prédominance aux structures sociales et aux aspects macro-sociaux de la réalité, tout en intégrant de façon variable les dimensions subjectives et interactionnelles. Nous examinerons tout à la fois leurs apports principaux et certaines des critiques qui ont pu leur être faites.

1. Un pionnier très actuel : Norbert Élias

Né en 1897 en Allemagne, Norbert Élias s'exila en 1933 en France, puis en Grande-Bretagne et enseigna principalement à l'université de Leicester. Il est mort en 1990 à Amsterdam. Norbert Élias est surtout connu dans notre pays pour ses travaux de sociologie historique sur le «processus de civilisation» en Occident, mais a développé également des enquêtes plus contemporaines (sur les groupes sociaux ou le sport).

1.1 Les sciences sociales : entre engagement et distanciation

Dans *Engagement et distanciation - Contributions à la sociologie de la connaissance*[1], Norbert Élias avance une réflexion sur le statut scientifique de la connaissance sociologique, vis-à-vis de laquelle il situe ses recherches « empirico-théoriques ». Appartenant bien à l'univers des sciences, les sciences sociales se distinguent toutefois, pour lui, des sciences de la nature par deux grandes propriétés spécifiques liées entre elles (*ibid.*, p. 24) :
1°) leurs « objets » sont en même temps des « sujets » qui ont des représentations de leur vie en société (à la différence, par exemple, des atomes des physiciens),
2°) les chercheurs font eux-mêmes partie de leur objet d'étude.

Cela conduit Norbert Élias à définir la posture du chercheur en sciences sociales dans une dialectique (un va-et-vient et un équilibre) entre « distanciation » et « engagement ». *Distanciation* car, comme dans toute science, le chercheur visant la rigueur se doit de se démarquer des idées préconçues (les siennes, celles des acteurs qu'il étudie ou plus largement les idées couramment partagées quant au domaine analysé). *Engagement* « car, si pour comprendre la structure d'une molécule on n'a pas besoin de savoir ce que signifie se ressentir comme l'un de ses atomes, il est indispensable, pour comprendre le mode de fonctionnement des groupes humains, d'avoir accès aussi de l'intérieur à l'expérience que les hommes ont de leur propre groupe et des autres groupes » *(ibid.*, p. 29).

1.2 Sortir de l'opposition entre « individus » et « société »

La critique de l'opposition classique entre individus et société apparaît comme un des fils conducteurs des travaux de Norbert Élias.

1. Trad. franç., avant-propos de R. Chartier, Paris, Fayard, 1993 (1re éd. 1983).

Mettre en cause cette opposition suppose d'abord une mise à distance des tendances substantialistes associées à nos usages courants du langage, tendances déjà repérées par Wittgenstein dans sa dernière philosophie et qui consistent en «la recherche d'une substance qui réponde à un substantif[2]» (le fait de considérer *a priori* que derrière les mots que nous utilisons il existe des réalités homogènes bien délimitées). De manière convergente, Norbert Élias note que derrière les substantifs que nous employons (comme «individu» et «société»), nous considérons automatiquement qu'il se trouve des substances, des «choses bien visibles et tangibles[3]». C'est ce qui nous fait «apparaître l'individu et la société comme deux choses différentes, comme s'il s'agissait d'une table et d'une chaise» (*ibid.*, p. 134).

Norbert Élias propose alors d'utiliser les armes de l'histoire. Car, pour lui, la représentation d'un moi séparé, extérieur à la société, telle que nous la connaissons aujourd'hui, n'a pas existé à toutes les époques et dans toutes les sociétés. Ainsi «notre propre vision familière, notre propre image de l'homme ne sont apparues qu'assez tardivement dans l'histoire de l'humanité, d'abord lentement et pour une brève période dans des cercles restreints des sociétés de l'Antiquité, puis de nouveau, à partir de la période que l'on a appelée la Renaissance (fin XIVe-début XVIIe s.), dans les sociétés occidentales[4]». Il va alors esquisser, dans *La Société des individus,* une étude de l'émergence historique d'une problématique de la conscience de soi et de l'intériorité (comme opposées aux autres et à l'extériorité) dans la philosophie occidentale, avec en particulier le moment significatif de la pensée de René Descartes (1596-1650) et son fameux «Je pense, donc je suis.» Mais, dans une perspective socio-histo-

2. *Le Cahier bleu et le Cahier brun* (manuscrits dictés entre 1933 et 1935), trad. franç., Paris, Gallimard, coll. «Tel», 1965, p. 51.
3. *Qu'est-ce que la sociologie ?*, trad. franç., Paris, Pandora, 1981 (1re éd. 1970 ; réédition 1991 en Pocket- «Agora»), p. 16.
4. *La Société des individus*, trad. franç., avant-propos de R. Chartier, Paris, Fayard, 1991 (1re éd. 1987), p. 137.

rique, ces constructions philosophiques sont envisagées comme les symptômes de transformations sociales plus larges, d'évolutions des structures de la personnalité propres à un «stade» particulier du «processus de civilisation» occidental.

Toujours en recourant à l'historicisation, il étudie, dans le même ouvrage, comment, en fonction des époques et des sociétés, la représentation de l'identité des personnes, dans la relation entre la référence au *nous* et au *je*, est variable. Il note ainsi combien la part prise par le *je* et l'individualisation est poussée dans nos sociétés contemporaines dites «développées». Ce processus est bien social, dans le sens où il caractérise les structures de la personnalité associées aux types de rapports entre les hommes dominant aujourd'hui les univers occidentaux.

Ces différentes modalités d'investigation nous conduisent à une tentative, qui apparaît encore aujourd'hui originale, de dépassement de l'opposition individus/société dans le champ des sciences sociales. Ainsi, l'individu n'est pas considéré comme une entité extérieure à la société, ni la société comme une entité extérieure aux individus, et donc la société n'est ni envisagée comme la simple agrégation des unités individuelles (individualisme méthodologique), ni comme un ensemble indépendant des actions individuelles (holisme). L'objet propre de la sociologie, pour Norbert Élias, ce sont *des individus interdépendants*. C'est dans cette perspective que les notions d'individu et de société peuvent retrouver un sens sociologique, mais subordonné à la notion d'interdépendance : «le concept d'individu se réfère à des hommes interdépendants, mais au singulier, et le concept de société à des hommes interdépendants, mais au pluriel[5]». Ce type d'approche est particulièrement éclairant dans l'analyse de la singularité d'un individu comme Mozart. Dans *Mozart - Sociologie d'un génie*[6], resté inachevé, Norbert Élias montre le musicien, «bourgeois dans la société de cour» mais aussi quasi-serviteur, écartelé

5. *Qu'est-ce que…*, *op. cit.*, p. 150.
6. Trad. franç., Paris, Seuil, 1991.

entre les normes aristocratiques de la société de cour et celles des couches bourgeoises montantes. Des marges de choix bien réelles s'offraient alors à de tels musiciens de cour — liées notamment à la possibilité de changer de maître du fait de l'existence d'une pluralité de cours princières en Allemagne et en Autriche — bien qu'elles fussent préstructurées par les formes d'interdépendance dans lesquelles ils étaient pris.

1.3 Formes d'interdépendance, marges de liberté et structures de la personnalité

La notion d'interdépendance est donc importante dans le dispositif théorique de Norbert Élias. Elle peut être explicitée par une analogie avec le jeu d'échecs : «Comme au jeu d'échecs, toute action accomplie dans une relative indépendance représente un coup sur l'échiquier social, qui déclenche infailliblement un contrecoup d'un autre individu (sur l'échiquier social, il s'agit en réalité de beaucoup de contrecoups exécutés par beaucoup d'individus) limitant la liberté d'action du premier joueur[7].» La société est donc envisagée comme le tissu mouvant et changeant des multiples dépendances réciproques qui lient les individus les uns avec les autres.

Mais le tissu social est traversé par de nombreuses formes d'interrelations qui s'entrecroisent. Norbert Élias nomme «configuration» (parfois aussi traduit par «figuration» ou «formation») les formes spécifiques d'interdépendance qui relient les individus entre eux ; celles-ci peuvent être de taille variable : de la partie de cartes — «Quatre hommes assis autour d'une table pour jouer aux cartes forment une configuration. Leurs actes sont interdépendants[8]» — à la nation ou aux relations internatio-

7. *La Société de cour* (achevé en 1933 mais publié seulement en 1969), trad. franç., préface de R. Chartier, Paris, Flammarion, coll. «Champs», 1985, pp. 152-153.
8. *Qu'est-ce que...*, *op. cit.*, p. 157.

nales. Ce qui différencie ces configurations, c'est la longueur et la complexité des chaînes de relations réciproques qui associent les individus. Comme le précise l'historien Roger Chartier, l'analyste des interdépendances considère que «les dépendances qui lient les individus entre eux ne se limitent pas à celles dont ils peuvent avoir expérience et conscience[9]». Par exemple, un paysan brésilien et un agent de change new-yorkais spéculant sur le cours de matières premières n'ont pas nécessairement conscience des chaînes d'interdépendance qui les mettent en relation. On revient ici à l'une des divergences propres aux approches constructivistes : les sociologies plus structurelles étendent leur champ de vision au-delà de la conscience et de la connaissance des acteurs individuels, mais y perdent sans doute en acuité visuelle quant aux interactions et aux savoirs quotidiens.

Qui dit dépendances réciproques ne dit pas nécessairement relations égales ou équilibrées. Si on peut envisager des interdépendances fondées sur des échanges équilibrés, les configurations analysées par Norbert Élias sont marquées en général par l'inégalité, la domination et le pouvoir. Cette notion de *pouvoir*, Norbert Élias ne la conçoit pas comme une substance qui serait «possédée» par «quelqu'un», mais comme une caractéristique associée aux relations d'interdépendance : «dans la mesure où nous dépendons davantage des autres que ceux-ci ne dépendent de nous, ils ont un pouvoir sur nous[10]». Mais si les relations sont inégales, chacun est, de manière variable, contraint par elles. Ainsi Norbert Élias montre dans *La Société de cour* comment Louis XIV («le Roi-Soleil»), s'il a une marge d'action supérieure aux autres acteurs de la société française de son époque, ne peut faire tout ce qu'il veut, parce qu'il est pris lui aussi dans le réseau d'interdépendances propre à la société de cour. La notion d'interdépendance et celle, corrélative, de *marge d'action* nous apportent alors un éclairage original sur le thème rebattu du rôle du «grand homme» dans l'Histoire.

---

9. Dans l'avant-propos à *Engagement...*, *op. cit.*, p. IV.
10. *Qu'est-ce que...*, *op. cit.*, p. 108.

Ces dernières précisions nous font entrevoir l'intérêt de ces concepts pour dépasser une autre opposition classique, qui a des résonances plus directement politiques, celle qui oppose *la liberté* au *déterminisme*. Après Norbert Élias, on ne peut plus aborder ce débat en termes de «tout ou rien» : «il y a un tissu d'interdépendances à l'intérieur duquel l'individu trouve une marge de choix individuel et qui en même temps impose des limites à sa liberté de choix[11]». Le degré d'autonomie (et donc de dépendance) de chaque acteur est alors dans chaque cas à déterminer par une analyse sociologique concrète. Norbert Élias note d'ailleurs que les chaînes d'interdépendance se sont allongées dans nos sociétés modernes plus complexes et que l'individu se situe à la croisée d'un plus grand nombre de réseaux d'interrelations.

Par ailleurs, cette notion d'interdépendance nous fait sortir d'une vision causale unilinéaire trop simpliste des processus sociaux, du type *A cause B*. Il s'agit bien ici d'*interrelations* entre des actions individuelles, et non pas de relations à sens unique. Cette interrelation entre des éléments a souvent été pensée en sciences sociales à travers la notion de *système*. Dire que des éléments «font système», c'est indiquer qu'ils agissent les uns sur les autres et les uns par rapport aux autres. Toutefois, ce faisant, on accorde souvent beaucoup trop de cohérence et de stabilité à ce qui relie ces éléments (un système a des frontières et est séparé des autres systèmes). C'est pourquoi Norbert Élias propose de substituer la notion de *configuration* à celle de système : «elle n'évoque pas l'idée d'une entité complètement fermée sur elle-même ou douée d'une harmonie immanente» (*ibid.*, p. 149).

Mais les interdépendances dans lesquelles sont pris les individus n'agissent pas, pour Norbert Élias, uniquement comme des contraintes extérieures. Elles participent aussi à la formation des *structures intérieures de leur personnalité*. L'individu va ainsi devoir s'insérer tout au long de sa vie dans nombre de réseaux de relations qui lui préexistent (famille, groupe social, nation, etc.), qui sont souvent le produit d'une

11. *La Société de cour*, *op. cit.*, p. LXXI.

longue histoire et qui vont contribuer à modeler ses formes de sensibilité et de pensée. C'est là qu'intervient la notion d'*habitus*, vieux terme d'origine latine. L'habitus est pour Norbert Élias une «empreinte» sociale sur la personnalité, un produit des différentes configurations au sein desquelles un individu agit[12].

1.4 L'interdépendance contre l'interaction ?

Que dire de la notion d'interdépendance par rapport à celle d'interaction de face-à-face, et donc quelle est sa place vis-à-vis de l'opposition macro/micro en sociologie ?

La notion d'interdépendance englobe des formes de relations qui vont des plus macro (le marché économique mondial) au plus micro (une partie de cartes), en tentant de dépasser cette opposition. Mais elle le fait en restant davantage attachée au pôle macro-social. Car on ne doit pas concevoir le macro et le micro comme des substances données une fois pour toutes. Ce sont des notions *relatives*, c'est-à-dire qui se définissent l'une par rapport à l'autre ; par exemple si une ville peut être considérée comme du micro par rapport au marché mondial, elle sera du macro par rapport au face-à-face de deux personnes. Or, la notion d'interdépendance tend à donner une primauté au *tout* par rapport aux *parties* dans l'étude d'une unité sociale, y compris pour les plus petites unités comme une partie de cartes, où la notion de configuration vise «la figure globale toujours changeante que forment les joueurs[13]». Ce qui amène Norbert Élias à polémiquer avec «les théories de l'action et de l'interaction», incapables d'accéder, selon lui, «aux aspects des rapports humains qui fournissent le cadre à leurs interactions»[14].

Mais, les notions d'interdépendance et de configuration peuvent-elles se substituer totalement à celle d'interaction comme le suggère Norbert

12. *La Société des individus*, *op. cit.*, pp. 239-240.
13. *Qu'est-ce que...*, *op. cit.*, p. 157.
14. *La Société de cour*, *op. cit.*, p. 151.

Élias ? Il ne le semble pas. Si la notion d'interdépendance met en lumière des chaînes d'interrelations bien plus larges que les interactions directes entre individus (le paysan brésilien et l'agent de change new-yorkais, dont on a déjà parlé, ne seront vraisemblablement jamais réunis dans une interaction de face-à-face), elle est moins sensible à la fluidité de certaines situations de la vie quotidienne, dont les sociologies interactionnistes montrent qu'elles peuvent contribuer à faire, à défaire et à déplacer les interdépendances déjà constituées. La notion d'interdépendance, malgré toute sa portée, est loin d'avoir épuisé la question difficile de l'articulation entre le macro et le micro.

1.5 Historicité et pièges évolutionnistes

Norbert Élias accorde une place centrale à l'historicité : les hommes, leurs modes de relations et les formes de sensibilité qui leur sont associées sont des produits historiques, dont les caractéristiques varient en fonction des époques. Cette historicité n'est pas conçue de manière finaliste, c'est-à-dire que l'histoire des sociétés humaines n'est pas orientée par une fin donnée à l'avance. Pour lui, l'histoire de l'humanité est « née de multiples projets, mais sans projet, animée de multiples finalités, mais sans finalité[15] ». Toutefois, il n'évite pas complètement tous les pièges évolutionnistes, tendant à réduire les mouvements des histoires humaines à une vision unidirectionnelle et unidimensionnelle. C'est cette tentation qui l'amène à défendre « une théorie objective de l'évolution de la société[16] » et à penser l'histoire occidentale à travers la catégorie homogène de « processus de civilisation ». Privilégiant la longue durée, le global et l'unité supposée du mouvement historique, il est alors moins sensible à l'hétérogène, à l'erratique, au discontinu et au contradictoire dans le travail de l'histoire.

15. *La Société des individus*, *op. cit.*, p. 108.
16. *Ibid.*, p. 231.

2. Le constructivisme structuraliste de Pierre Bourdieu

Pierre Bourdieu est né en 1930. De formation philosophique, il est aujourd'hui titulaire de la chaire de sociologie du Collège de France. Il a notamment su combiner trois des «pères fondateurs» de la sociologie, que l'on a traditionnellement opposés avant lui : Karl Marx, Émile Durkheim et Max Weber (1864-1920).

Si Pierre Bourdieu est particulièrement connu pour les travaux déjà relativement anciens qu'il a réalisés avec Jean-Claude Passeron sur les mécanismes scolaires de reproduction sociale — *Les Héritiers*[17] et *La Reproduction*[18] —, il a développé par ailleurs une œuvre multiforme sur de nombreux terrains, en veillant à ce que l'élaboration théorique ne soit jamais totalement détachée du travail d'enquête. Ainsi, ses recherches ne se sont pas cantonnées à l'analyse de la reproduction des structures sociales — qui n'a d'ailleurs jamais été comprise par Pierre Bourdieu et Jean-Claude Passeron comme une reproduction à l'identique — mais beaucoup d'autres aspects ont été intégrés à ses réflexions. C'est le cas, par exemple, dans un ouvrage collectif qu'il a dirigé, *La Misère du monde*[19], centré sur la façon dont des formes sociales de souffrance travaillent la subjectivité des individus. Ce qu'il a appelé «constructivisme structuraliste» synthétise bien l'originalité de sa démarche, particulièrement en ce qui concerne les travaux qui ont été publiés depuis la fin des années 1970.

2.1 Un constructivisme structuraliste

Pierre Bourdieu définit le «constructivisme structuraliste» à la jonction de l'objectif et du subjectif : «Par structuralisme ou structuraliste, je veux

17. Paris, Minuit, 1964.
18. Paris, Minuit, 1970.
19. Paris, Seuil, 1993.

dire qu'il existe, dans le monde social lui-même, (...) des structures objectives indépendantes de la conscience et de la volonté des agents, qui sont capables d'orienter ou de contraindre leurs pratiques ou leurs représentations. Par constructivisme, je veux dire qu'il y a une genèse sociale d'une part des schèmes de perception, de pensée et d'action qui sont constitutifs de ce que j'appelle habitus, et d'autre part des structures sociales, et en particulier de ce que j'appelle des champs[20]. »

Dans cette double dimension, objective et construite, de la réalité sociale, une certaine primauté continue toutefois a être accordée aux structures objectives. C'est ce qui conduit Pierre Bourdieu à distinguer deux moments dans l'investigation, un premier moment objectiviste et un deuxième moment subjectiviste : « d'un côté, les structures objectives que construit le sociologue dans le moment objectiviste, en écartant les représentations subjectives des agents, sont le fondement des représentations subjectives et elles constituent les contraintes structurales qui pèsent sur les interactions ; mais d'un autre côté, ces représentations doivent aussi être retenues si l'on veut rendre compte notamment des luttes quotidiennes, individuelles et collectives, qui visent à transformer ou à conserver ces structures » (*ibid.*, p. 150).

Cette priorité chronologique et théorique donnée à la dimension objective de la réalité sociale puise une part de ses racines dans une réflexion épistémologique, exprimée par Pierre Bourdieu, Jean-Claude Chamboredon et Jean-Claude Passeron en 1968 dans *Le Métier de sociologue*[21] et réitérée depuis par Pierre Bourdieu. On trouve au cœur de cette orientation la notion de « rupture épistémologique », rupture entre la connaissance scientifique des sociologues et « la sociologie spontanée » des acteurs sociaux ; ce qui rapproche les sciences sociales des sciences de la nature. Elle trouve une de ses sources dans l'impératif sociologique de rupture avec « les prénotions » des acteurs avancé par Durkheim dans

20. « Espace social et pouvoir symbolique », dans *Choses dites*, Paris, Minuit, 1987, p. 147.
21. Paris, Mouton-Bordas.

Les Règles de la méthode sociologique. Toutefois, malgré la réaffirmation de ce principe, la démarche de Pierre Bourdieu — ne serait-ce que par le deuxième moment subjectiviste — apparaît souvent, dans le détail des analyses, plus complexe qu'une simple dichotomie entre connaissance savante et connaissance ordinaire.

2.2 Deux notions clés : habitus et champ

Selon Pierre Bourdieu, « le principe de l'action historique, celle de l'artiste, du savant ou du gouvernant comme celle de l'ouvrier ou du petit fonctionnaire, n'est pas un sujet qui s'affronterait à la société comme à un objet constitué dans l'extériorité. Il ne réside ni dans la conscience ni dans les choses mais dans la relation entre deux états du social, c'est-à-dire l'histoire objectivée dans les choses, sous forme d'institutions, et l'histoire incarnée dans les corps, sous la forme de ce système de dispositions durables que j'appelle habitus[22] ». C'est donc la rencontre de l'*habitus* et du *champ*, de « l'histoire faite corps » et de « l'histoire faite chose » qui apparaît comme le mécanisme principal de production du monde social. Pierre Bourdieu a spécifié ici, en cherchant à le rendre opératoire pour des travaux empiriques, *le double mouvement constructiviste d'intériorisation de l'extérieur et d'extériorisation de l'intérieur.*

L'habitus, ce sont en quelque sorte les structures sociales de notre subjectivité, qui se constituent d'abord au travers de nos premières expériences (habitus primaire), puis de notre vie d'adulte (habitus secondaire). C'est la façon dont les structures sociales s'impriment dans nos têtes et nos corps par *intériorisation de l'extériorité*. Pierre Bourdieu définit alors la notion, plus précisément que ne l'avait fait Norbert Élias, comme un « système de dispositions durables et transposables[23] ». *Dispositions*, c'est-à-dire des inclinations à percevoir, sentir, faire et penser d'une

22. *Leçon sur la leçon*, Paris, Minuit, 1982, pp. 37-38.
23. *Le Sens pratique*, *op. cit.*, p. 88.

certaine manière, intériorisées et incorporées, le plus souvent de manière non consciente, par chaque individu, du fait de ses conditions objectives d'existence et de sa trajectoire sociale. *Durables*, car si ces dispositions peuvent se modifier dans le cours de nos expériences, elles sont fortement enracinées en nous et tendent de ce fait à résister au changement, marquant ainsi une certaine continuité dans la vie d'une personne. *Transposables*, car des dispositions acquises dans le cours de certaines expériences (familiales par exemple) ont des effets sur d'autres sphères d'expériences (professionnelles par exemple) ; c'est un premier élément d'unité de la personne. Enfin *système*, car ces dispositions tendent à être unifiées entre elles. Mais, pour Pierre Bourdieu, l'unité et la continuité de la personne à l'œuvre tendanciellement avec l'habitus ne sont pas en général celles que se représente consciemment et rétrospectivement la personne elle-même — ce qu'il appelle «l'illusion biographique[24]» — mais une unité et une continuité largement non conscientes reconstruites par le sociologue (en fonction de la place dans l'espace des classes sociales, des positions institutionnelles occupées, des expériences successives au sein de différents champs, etc., et donc aussi du trajet effectué dans le monde social). Cette perspective se distingue de celles que nous envisagerons plus avant (chapitre 5) et qui conçoivent la personne comme dotée de dispositions et d'identités davantage éclatées, la question de leur unification apparaissant alors plus problématique.

Unifiants, les habitus individuels sont également *singuliers*. Car, s'il y a des classes d'habitus (des habitus proches, en termes de conditions d'existence et de trajectoire du groupe social d'appartenance, par exemple), et donc des *habitus de classe*, chaque habitus individuel combine de manière spécifique une diversité (plus ou moins grande) d'expériences sociales[25]. Mais cet habitus est-il simplement reproducteur des structures sociales dont il est le produit ? L'habitus est constitué de «principes générateurs»,

---

24. «L'illusion biographique», *Actes de la recherche en sciences sociales*, n° 62-63, juin 1986.
25. *Le Sens...*, *op. cit.*, pp. 100-101.

c'est-à-dire qu'un peu à la manière d'un logiciel d'ordinateur (mais un logiciel en partie autocorrectible), il est amené à apporter de multiples réponses aux diverses situations rencontrées, à partir d'un ensemble limité de schémas d'action et de pensée. Ainsi il reproduit plutôt quand il est confronté à des situations habituelles et il peut être conduit à innover quand il se trouve face à des situations inédites.

Les champs constituent la face *extériorisation de l'intériorité* du processus. C'est la façon dont Pierre Bourdieu conçoit les institutions, non comme des substances, mais de manière relationnelle, comme des configurations de relations entre des acteurs individuels et collectifs (Pierre Bourdieu parle plutôt d'*agents*, pour indiquer que ceux-ci sont autant *agis*, de l'intérieur et de l'extérieur, qu'ils n'agissent librement). Le champ est une sphère de la vie sociale qui s'est progressivement autonomisée à travers l'histoire autour de relations sociales, d'enjeux et de ressources propres, différents de ceux des autres champs. Les gens ne courent ainsi pas pour les mêmes raisons dans le champ économique, dans le champ artistique, dans le champ journalistique, dans le champ politique ou dans le champ sportif. Chaque champ est alors à la fois *un champ de forces* — il est marqué par une distribution inégale des ressources et donc un rapport de forces entre dominants et dominés — et *un champ de luttes* — les agents sociaux s'y affrontent pour conserver ou transformer ce rapport de forces. Pour Pierre Bourdieu, la définition même du champ et la délimitation de ses frontières (qui a le droit d'y participer ?, etc.) peut être aussi en jeu dans ces luttes, ce qui distingue cette notion de celle habituellement plus fermée de «système». Chaque champ est marqué par des relations de concurrence entre ses agents (Pierre Bourdieu parle aussi de *marché*), même si la participation au jeu suppose un minimum d'accord sur l'existence du champ.

Chaque champ est caractérisé par des mécanismes spécifiques de *capitalisation* des ressources légitimes qui lui sont propres. Il n'y a donc pas chez Pierre Bourdieu une seule sorte de capital comme tendanciellement chez Marx et les «marxistes» (le capital économique), mais une pluralité de capitaux (capital culturel, capital politique, etc.). On n'a donc pas une représentation *unidimensionnelle* de l'espace social — comme chez les «marxistes» où l'ensemble de la société est pensée d'abord autour d'une vision économique du capitalisme — mais une représentation *pluridimensionnelle* — l'espace social est composé d'une pluralité de champs autonomes, définissant chacun des modes spécifiques de domination. On n'est donc pas face à *un* capitalisme (au sens économique) caractérisé par une forme principale et déterminante de domination («l'exploitation capitaliste»), mais face à *des* capitalisations et des dominations : des relations dissymétriques entre individus et groupes stabilisées au profit des mêmes, et dont certaines sont transversales aux différents champs comme la domination des hommes sur les femmes[26]. Ces modes de capitalisation sont tout à la fois autonomes, parfois en concurrence (par exemple, le conflit classique entre les détenteurs du capital économique et du capital culturel, hommes d'affaires et «intellectuels») et reliés entre eux par des formes diverses d'imbrication (certains agents cumulent capitaux économiques, culturels et politiques, alors que d'autres sont «exclus» de la plupart des capitaux légitimes). Ce que Pierre Bourdieu appelle *champ du pouvoir* est un lieu de mise en rapport de champs et de capitaux divers : c'est là où s'affrontent les dominants des différents champs, «un champ de luttes pour le pouvoir entre détenteurs de pouvoirs différents[27]».

2.3 La dimension symbolique de l'ordre social

Si de l'œuvre de Marx, Pierre Bourdieu a notamment retenu que la réalité sociale est un ensemble de *rapports de forces* entre des groupes sociaux historiquement en lutte les uns avec les autres, il a, entre autres, retenu de l'œuvre de Weber que la réalité sociale est aussi un ensemble de *rapports de sens*, qu'elle a donc une dimension symbolique. Pour lui, les représen-

26. «La domination masculine», *Actes de la recherche en sciences sociales*, n° 84, septembre 1990.
27. *La Noblesse d'État*, Paris, Minuit, 1989, p. 375.

tations et le langage participent à la construction de la réalité sociale, même si bien entendu ils ne sont pas toute la réalité.

Pour Pierre Bourdieu, il faut que certaines conditions sociales extérieures aux représentations et aux discours mêmes soient remplies pour que ceux-ci aient une certaine efficacité sur la réalité, des conditions favorables préalablement inscrites dans les têtes et dans les institutions. C'est le cas, par exemple, de ce qu'il appelle «les effets de théorie»[28], c'est-à-dire des effets que peut avoir une théorie philosophique et/ou sociologique sur le monde social (par exemple la théorie «marxiste» de la lutte des classes) ; effets qui impliquent que des agents s'approprient des éléments de cette théorie et que celle-ci puisse s'appuyer sur des institutions. Il s'agit d'une autre modalité des rapports entre connaissance savante et connaissance ordinaire ; dans un mouvement allant de l'une à l'autre, une part des théories sociologiques passées pouvant être progressivement intégrée dans l'objet d'analyse des sociologues d'aujourd'hui.

La prise en compte de la dimension symbolique de la réalité sociale a des conséquences sur la manière de penser les rapports de domination (de dissymétrie de ressources) entre individus et groupes. C'est là qu'intervient la notion de *violence symbolique*. Les diverses formes de domination, à moins de recourir exclusivement et continûment à la force armée (qui elle-même suppose d'ailleurs une dimension symbolique, parce qu'elle est perçue et parlée d'une certaine façon), doivent être légitimées, reconnues comme légitimes, c'est-à-dire prendre un sens positif ou en tout cas devenir «naturelles», de sorte que les dominés eux-mêmes adhèrent à l'ordre dominant, tout en méconnaissant ses mécanismes et leur caractère arbitraire (non naturel, non nécessaire, donc historique et transformable). C'est ce double processus de *reconnaissance* et de *méconnaissance* qui constitue le principe de la violence symbolique, et donc de la légitimation des diverses dominations[29]. Par exemple, l'enseignant de

28. *Ce que parler veut dire*, Paris, Fayard, 1982, pp. 156-161.
29. «Sur le pouvoir symbolique», *Annales*, vol. 32, n° 3, mai-juin 1977.

français qui met «brillant» ou «lourd» dans la marge d'une de ses copies fait un geste renvoyant tendanciellement à une hiérarchie sociale (le «brillant» qualifiant souvent les détenteurs du capital culturel légitime et le «lourd» ceux qui en sont exclus), qui sera fréquemment *reconnu* par l'élève comme un jugement sur sa compétence personnelle en français et *méconnu* comme l'expression d'une domination sociale.

2.4 Une sociologie de l'action : la logique de la pratique

Un des aspects les plus méconnus de la sociologie de Pierre Bourdieu est sa sociologie de l'action, amorcée en 1972 avec *Esquisse d'une théorie de la pratique*[30] et prolongée en 1980 dans *Le Sens pratique.*

Dans le sillage notamment des philosophies de Ludwig Wittgenstein et de Maurice Merleau-Ponty (1908-1961), cette sociologie de l'action part d'une critique des approches *intellectualistes*, c'est-à-dire des théories de l'action qui réduisent l'action au point de vue intellectuel de celui qui observe l'action au détriment du point de vue pratique de celui qui agit. Ainsi, «l'intellectualisme est inscrit dans le fait d'introduire dans l'objet le rapport intellectuel à l'objet, de substituer au rapport pratique à la pratique le rapport à l'objet qui est celui de l'observateur[31]». C'est en ce sens que l'intellectualisme est un *objectivisme* appréhendant l'action *de l'extérieur* et *en surplomb* comme un objet de connaissance, sans prendre en compte le rapport de l'agent à son action. Un des effets de l'objectivisme de la posture intellectualiste est, comme l'a montré Bernard Lacroix[32], de donner *a priori* aux objets ainsi envisagés de l'extérieur et analysés par le sociologue («l'URSS», «la France», «l'État», «la poli-

30. Précédée de *Trois Études d'ethnologie kabyle*, Genève, Droz.
31. *Le Sens..., op. cit.*, p. 58.
32. «Ordre politique et ordre social - Objectivisme, objectivation et analyse politique», dans M. Grawitz et J. Leca (éds.) *Traité de science politique*, Paris, PUF, 1985, tome 1.

tique de la ville», «la classe ouvrière», etc.) une homogénéité et une consistance, *sur le mode de la chose*, qu'ils n'ont pas.

À ce rapport théorique et intellectuel à l'action que nombre de philosophes et de sociologues attribuent faussement à l'agent, en universalisant leur propre position d'observateur réfléchissant, Pierre Bourdieu oppose *un rapport pratique à la pratique*. Car, pour lui, nous agissons dans un monde qui «impose sa présence, avec ses urgences, ses choses à faire ou à dire, ses choses faites pour être dites, qui commandent directement les gestes ou les paroles sans jamais se déployer comme un spectacle[33]». Pour tout un ensemble d'actions, nous pouvons même «aller de la pratique à la pratique sans passer par le discours et par la conscience» (*ibid.*, p. 124).

Pierre Bourdieu distingue donc bien deux postures : celle de l'observateur qui réfléchit et disserte sur l'action et celle de l'agent qui agit, «pris» par «le feu de l'action», avec ses urgences. Pour lui, l'action obéit à «une logique qui n'est pas celle de la logique» (*ibid.*, p. 144), *une logique pratique*, en quelque sorte «happée par ce dont il s'agit» (*ibid.*, p. 154). Cette prise en compte du rapport pratique à la pratique amène Pierre Bourdieu à examiner une compétence des agents centrale pour lui : *le sens pratique*, inscrit dans le corps et les mouvements du corps, et qui ne s'exerce *qu'en situation*, face à des problèmes pratiques (qu'il s'agisse d'un joueur de tennis pendant un match, d'un ouvrier sur sa machine, d'un homme politique en meeting ou d'un philosophe dans un colloque). Partie intégrante de l'habitus, le sens pratique permet à l'acteur d'économiser de la réflexion et de l'énergie dans l'action ; c'est un opérateur de *l'économie de la pratique*.

La sociologie de l'action avancée par Pierre Bourdieu est une des rares à s'être intéressée à la question des logiques pratiques, toutefois on peut se demander, à la suite de Paul Ladrière[34] et d'Alain Caillé[35], si elle n'a pas

---

33. *Le Sens…*, *op. cit.*, p. 87.
34. «La question du sens chez P. Bourdieu», *Problèmes d'épistémologie en sciences sociales* (CEMS, EHESS, Paris), n° 1, février 1983, p. 79.
35. «Esquisse d'une critique de l'économie générale de la pratique», dans *Cahiers du LASA* (Université de Caen) : «Lectures de Pierre Bourdieu», n° spécial 8-9, 1er semestre 1988, pp. 204-205.

tendance à «tordre un peu trop le bâton dans l'autre sens». Ainsi une critique trop unilatérale des modèles de l'acteur réfléchissant pourrait nous faire tomber dans un autre travers identifié par le sociologue américain Harold Garfinkel[36] : prendre les agents sociaux pour des «idiots culturels» (*cultural dopes*). Opposer de manière exclusive et trop dichotomique rapport intellectuel et rapport pratique à la pratique, c'est ne pas prendre en compte que la réflexivité (le fait de réfléchir sur ce que l'on est en train de faire), si elle n'apparaît pas comme un point de passage obligé de toute action, n'est pas toujours exclue des conduites pratiques, même si dans ce cas elle est prise sous le feu de contraintes pragmatiques. C'est donc la place d'*une réflexivité pragmatique* dans la sociologie de l'action — les contraintes plus ou moins grandes d'urgence associées à la situation laissant, par exemple, plus ou moins de place à des formes de réflexivité de la part de l'acteur — qui n'est pas clairement établie ici. C'est toutefois une dimension que Pierre Bourdieu prend parfois en compte, en particulier quand il s'arrête sur les périodes de crise, car, dans ces cas-là, «les ajustements routiniers» n'allant plus de soi, la réflexivité de l'acteur se trouve clairement sollicitée[37].

La question du cours de l'action en train de se faire a été réouverte, en s'appuyant sur de nouvelles ressources, par les problématiques de *l'action située*, d'une action en situation suivie finement à travers un enchaînement de *séquences* d'action, qui ont émergé ces dernières années aux États-Unis, avec par exemple les recherches de Lucy Suchman[38], et en France, avec celles réalisées par Isaac Joseph à la RATP[39] ou les analyses proposées par Pierre Livet et Laurent Thévenot[40].

36. *Studies in Ethnomethodology*, Englewoods Cliffs (N.J.), Prentice-Hall, 1967, pp. 66-68.
37. Voir notamment *Réponses*, en collaboration avec Loïc Wacquant, Paris, Seuil, 1992, p. 107.
38. «Plans d'action» (1re éd. 1988), trad. franç., dans P. Pharo et L. Quéré (éds.), *Les Formes de l'action*, Paris, EHESS, coll. «Raisons pratiques», 1990.
39. «Attention distribuée et attention focalisée - Les protocoles de la coopération au PCC de la ligne A du RER», *Sociologie du travail*, n° 4, 1994.
40. «Les catégories de l'action collective», dans A. Orléan (éd.) *Analyse économique des conventions*, Paris, PUF, 1994.

2.5 Une sociologie réflexive

La sociologie de la pratique ne nous a pas introduits seulement à la question de la réflexivité de l'agent, mais aussi à celle du sociologue. Car c'est par un mouvement de réflexivité (de retour sur soi et sur son activité) que le sociologue peut éviter les erreurs liées à l'intellectualisme, qui consistent à prendre son propre rapport intellectuel à l'objet d'analyse pour le rapport de l'agent à son action. La capacité pour le sociologue de prendre en compte la relation qu'il entretient avec son objet constitue donc un des moyens d'améliorer la qualité scientifique de son travail. D'où l'importance de ce que Pierre Bourdieu appelle une *objectivation participante*, l'objectivation (au sens ici de connaissance scientifique) du rapport subjectif du sociologue à son objet (sa participation à l'objet qu'il analyse) faisant partie des conditions de la scientificité de son analyse[41]. La sociologie de Pierre Bourdieu est donc une sociologie réflexive, qui invite le sociologue à passer par un travail d'*auto-socio-analyse* (de son rapport à l'objet, qui peut être lié à sa place dans le champ intellectuel, à son propre parcours social, etc.) afin de rendre sa recherche plus rigoureuse. Cette orientation réflexive trouve des convergences avec les travaux en ethnologie, comme ceux de Gérard Althabe[42], qui ont pris acte de la participation du chercheur aux relations sociales qu'il observe et ont alors insisté sur l'intégration des relations enquêteur/enquêtés dans l'analyse.

2.6 Le poids déterminant des structures objectives

Accorder une prédominance aux structures (les structures dans les têtes et les corps et les structures dans les choses et les institutions) conduit Pierre Bourdieu à négliger le poids des interactions de face-à-face dans les

41. « Sur l'objectivation participante », *Actes de la recherche en sciences sociales*, n° 23, septembre 1978.
42. « Ethnologie du contemporain et enquête de terrain », *Terrain*, n° 14, mars 1990.

processus de construction de la réalité sociale. Pour lui, les interactions «cachent les structures qui s'y réalisent[43]» et ne constituent alors que «l'actualisation conjoncturelle de la relation objective[44]». Le plus souvent, elles ont donc un rôle davantage passif qu'actif dans la formation du monde social. Un tel présupposé théorique le conduit ainsi à être peu attentif à ce qui s'y passe, ce qui renforce leur marginalisation. D'ailleurs, Pierre Bourdieu a relativement peu recouru aux descriptions de situations de face-à-face (c'est néanmoins le cas toutefois pour les interactions entre vendeurs et acheteurs de maisons[45]).

La priorité donnée par Pierre Bourdieu aux aspects objectifs de la réalité l'amène aussi parfois à réactiver le couple apparence/réalité, qui tendrait à éloigner sa sociologie de l'univers constructiviste. C'est par exemple le cas dans sa réflexion sur «l'illusion biographique», où le moi est considéré comme «la plus réelle, en apparence, des réalités[46]». L'analyse de la construction sociale de la réalité est alors quelque peu limitée par une telle opposition entre une vraie réalité (objective) et une fausse réalité (subjective), car la dialectique du subjectif et de l'objectif y apparaît enrayée. Une perspective constructiviste plus affirmée engagerait plutôt, à la manière de Schütz (voir chapitre 3), à concevoir des «réalités multiples», même si l'on peut envisager de distinguer, parmi ces aspects divers de la réalité sociale, des segments plus ou moins solides, en reprenant, par exemple, les trois critères proposés par Laurent Thévenot[47] : *domaine de validité* (dans l'espace), *stabilité temporelle* et *degré d'objectivation* (objets et institutions leur donnant corps) de ces réalités.

La sociologie de Pierre Bourdieu, qui est aussi le résultat du travail collectif d'une équipe de recherche, apparaît comme l'une des plus

43. «Espace social et...», *op. cit.*, p. 151.
44. «Un contrat sous contrainte», avec la collaboration de S. Bouhedja et C. Givry, *Actes de la recherche en sciences sociales*, n° 81-82, mars 1990, p. 34.
45. *Ibid.*
46. *Art. cit.*, p. 72.
47. «Les investissements de forme», *Cahiers du Centre d'études de l'emploi*, n° 29, «Conventions économiques», Paris, PUF, 1986.

marquantes que l'on ait connue en France depuis l'après-guerre, tant par ses développements théoriques que par la diversité de ses apports empiriques. Ses relations avec la problématique constructiviste sont complexes : elle a contribué à son enrichissement, tout en continuant à l'encadrer par un dispositif contraignant au profit des structures objectives.

3. Prolongements critiques du constructivisme structuraliste

Qu'il s'agisse d'un co-auteur des premières formulations de ce qui n'était pas encore appelé «constructivisme structuraliste», comme Jean-Claude Passeron, ou d'un utilisateur d'une partie de ses schémas d'analyse, comme Michel Dobry, certains auteurs ont apporté à ce type de perspective des développements critiques intéressants.

3.1 Structures de domination et pratiques populaires : les questions de Claude Grignon et Jean-Claude Passeron

Claude Grignon est directeur de recherche à l'INRA (Institut national de la recherche agronomique) et Jean-Claude Passeron directeur d'études à l'École des hautes études en sciences sociales (EHESS, à Marseille). Dans *Le Savant et le populaire - Misérabilisme et populisme en sociologie et en littérature*[48], ces deux sociologues ont posé un certain nombre de questions, indexées sur leurs propres expériences de recherche, aux sociologies (à celle, entre autres, de Pierre Bourdieu), auxquelles ils reprochent de traiter en général maladroitement des cultures populaires. Ces considérations méthodologiques et théoriques prennent sens, dans le cas de Jean-

48. Paris, EHESS-Gallimard-Seuil, 1989 ; il s'agit de la version remaniée de séminaires de recherche tenus en février-mars 1982.

Claude Passeron, par rapport à un renouvellement original de la réflexion épistémologique en sciences sociales. Ses analyses ont été systématisées dans *Le Raisonnement sociologique*[49], lui aussi en décalage avec les formulations antérieures du *Métier de sociologue,* écrit avec Pierre Bourdieu et Jean-Claude Chamboredon et qui tendait à davantage rapprocher les sciences sociales des sciences de la nature. Aujourd'hui, Jean-Claude Passeron distingue nettement les sciences sociales — comme *sciences historiques* dont les énoncés théoriques restent toujours en partie liés à des contextes spécifiques — des sciences nomologiques (établissant des lois générales indépendamment des contextes).

Claude Grignon et Jean-Claude Passeron mettent en évidence que les approches des cultures populaires tendent à osciller entre deux dérives : 1°) *le populisme* qui, sacralisant les cultures populaires comme des entités dotées d'une autosuffisance symbolique (de sens), oublie les caractéristiques qu'elles doivent aux rapports de domination entre classes dans lesquels elles sont insérées, et 2°) *le légitimisme* (ou dominocentrisme), n'envisageant les pratiques populaires que hiérarchisées par rapport aux formes dominantes, socialement les plus légitimes, comme si les activités des dominés se référaient sans arrêt à celles des dominants. Le populisme a souvent été compris dans les sciences sociales comme une réhabilitation de cultures populaires souvent niées en tant que cultures spécifiques par les analyses légitimistes : ainsi il paraît incongru, en fonction des normes dominantes, d'appréhender la pétanque comme une pratique culturelle, au même titre, par exemple, que le fait d'assister à un concert de Mozart. La critique du légitimisme emprunte alors au populisme l'attention, toute weberienne, à « ce en quoi une culture dominée fonctionne encore comme culture, c'est-à-dire comme maîtrise symbolique d'une condition sociale indépendamment des rapports inégaux qu'elle entretient avec d'autres cultures » (J.-C. Passeron, p. 80). On a là une mise en cause du légitimisme en tant qu'*ethnocentrisme de classe*, c'est-à-dire en tant que juge-

49. Paris, Nathan, 1991.

ment des productions des milieux populaires en fonction des seuls critères dominants. Cet ethnocentrisme peut culminer jusqu'à *un racisme de classe* — véritable *déni d'humanité*, si l'on élargit aux rapports entre groupes sociaux d'une même société les critiques du racisme formulées par l'anthropologue Claude Lévi-Strauss — excluant les classes populaires de l'univers humain de *la culture* pour les réduire à l'ordre de *la nature* ; d'où des descriptions classiques de paysans et d'ouvriers les renvoyant du côté de la sauvagerie et de l'animalité. Mais le populisme, à l'inverse, néglige ce en quoi des relations de domination pèsent sur les univers de sens élaborés dans les groupes populaires, qui ne sont pas des «essences», c'est-à-dire des entités indépendantes du reste des rapports sociaux. Et puis les intellectuels populistes n'évitent pas toujours l'ethnocentrisme de classe en projetant dans leurs descriptions souvent esthétisantes des modes de vie populaires leurs propres conceptions artistico-intellectuelles. C'est donc sur *l'ambivalence* des pratiques populaires par rapport aux structures de domination que Claude Grignon et Jean-Claude Passeron mettent l'accent.

Mais quel sens prennent ces analyses vis-à-vis des apports de la sociologie de Pierre Bourdieu ? La sociologie de la domination symbolique n'apparaît chez Claude Grignon et Jean-Claude Passeron que comme *une dimension* de l'investigation sur les cultures populaires. Ce serait une erreur, selon eux, d'envisager les productions populaires — comme peut tendre à le faire parfois Pierre Bourdieu — trop exclusivement dans leurs relations avec les formes culturelles dominantes. Par exemple, mesurer les activités des membres des classes populaires uniquement avec un instrument tendanciellement légitimiste comme la notion de *capital culturel* (qui vise l'appropriation des ressources culturellement légitimes, comme les titres scolaires, les goûts artistiques, etc.), c'est ne les envisager que négativement «en termes de handicaps, de limitations, d'exclusion, de privations, d'absence de choix, de non-consommations et de non-pratiques, etc.» (C. Grignon, p. 117). Alors, on «n'a plus qu'à décompter d'un air navré toutes les différences comme autant de manques, toutes les altérités comme autant de moindre-être» (J.-C. Passeron, pp. 36-37). La sociologie de Pierre Bourdieu n'échapperait donc pas toujours aux pièges dominocentriques, même si ses analyses des pratiques populaires apparaissent parfois plus complexes, en particulier quand il est amené à prendre en compte la double dimension de dépendance (par rapport aux manières de parler légitimes) et d'autonomie («l'affirmation d'une contre-légitimité linguistique») dans l'analyse des langages populaires[50].

Claude Grignon et Jean-Claude Passeron nous invitent ainsi à la vigilance face aux dérives légitimistes et populistes qui menacent toute sociologie des pratiques populaires et, plus largement, ils mettent en évidence que le concept de *domination*, bien que très important en ce qu'il vise la stabilisation de relations dissymétriques entre individus, groupes ou sociétés, n'est pas un concept omniscient qui peut prétendre épuiser l'analyse des pratiques sociales. Leurs analyses convergent avec certains travaux sociologiques, comme ceux de François de Singly sur la pluralité des raisons de se taire dans les enquêtes d'opinion, qui ne se réduisent pas à un défaut de compétence culturelle légitime[51]. En science politique, les recherches très stimulantes de Jean-François Bayart sur les sociétés africaines, qui ne peuvent être appréhendées seulement par rapport aux mécanismes de dépendance qui les lient aux sociétés occidentales mais aussi en fonction de logiques propres[52], rejoignent également certaines des orientations de Claude Grignon et Jean-Claude Passeron.

3.2 La plasticité des structures : la sociologie des crises politiques de Michel Dobry

Michel Dobry, professeur de science politique à l'université de Paris X-Nanterre, inscrit ses travaux dans le prolongement de ceux de Pierre Bourdieu. Mais, tant la spécificité de son objet principal (les crises poli-

50. «Vous avez dit "populaire" ?», *Actes de la recherche en sciences sociales*, n° 46, mars 1983.
51. «La gestion sociale des silences», *Consommation*, vol . 29, n° 4, oct.-déc. 1982.
52. *L'État en Afrique*, Paris, Fayard, 1989.

tiques) que la confrontation des concepts de Pierre Bourdieu avec d'autres orientations plus interactionnistes, comme celle de l'économiste américain Thomas Schelling dans *La Stratégie du conflit*[53], celle de Peter Berger et Thomas Luckmann ou celle d'Erving Goffman, ont donné une *Sociologie des crises politiques*[54] avançant dans la voie d'un constructivisme plus équilibré quant aux relations entre les structures sociales et les interactions. Il ne s'agit pas ici de présenter dans le détail un ensemble conceptuel complexe, à l'appui duquel un certain nombre d'exemples historiques sont mobilisés, mais simplement de voir en quoi la démarche apporte des inflexions significatives au constructivisme structuraliste.

L'analyse des crises politiques est souvent prise dans l'opposition entre une sociologie des structures et une sociologie de l'action. Ainsi, pour nombre d'auteurs, «les conjonctures critiques s'opposent aux conjonctures plus routinières par un trait particulier : par "nature", les premières relèveraient d'une analyse en termes de décision, de choix ou, plus généralement, d'action intentionnelle des acteurs des crises, qu'il s'agisse d'individus ou de groupes, alors que les secondes seraient justiciables de démarches visant à en saisir les structures (…) et mettant en œuvre des schèmes d'analyse déterministes[55]». Cette perspective empêche, d'une part, de penser en quoi les structures sociales pèsent sur les périodes de crise et, d'autre part, d'envisager *la vulnérabilité* des structures sociales à l'œuvre dans des contextes plus routiniers.

Les structures sociales, Michel Dobry les appréhende dans le sillage de Pierre Bourdieu, sous le double angle de secteurs sociaux autonomes et d'habitus. En ce qui concerne *les secteurs*, c'est justement «l'existence, dans la plupart des systèmes sociaux modernes, d'une multiplicité de sphères ou de champs sociaux différenciés, inextricablement enchevêtrés

---

53. Trad. franç., Paris, PUF, 1986 (1re éd. 1960).
54. Sous-titré *La Dynamique des mobilisations multisectorielles*, Paris, Presses de la FNSP, 1986.
55. «Logiques de la fluidité politique», dans F. Chazel (éd.), *Action collective et mouvements sociaux*, Paris, PUF, 1993, p. 177.

et, simultanément, plus ou moins autonomes les uns par rapport aux autres qui constitue le fait structurel fondamental pour l'intelligibilité des processus de crise politique pouvant apparaître dans ces systèmes[56]». Mais ces systèmes sociaux complexes se caractérisent par une certaine plasticité, c'est-à-dire une sensibilité aux coups que les acteurs échangent et aux processus de mobilisation collective, d'où la possibilité même de conjonctures de crise. Quant aux *habitus*, Michel Dobry déplace les formulations de Pierre Bourdieu dans le sens d'un plus grand poids accordé tant aux conjonctures qu'aux situations de face-à-face. Pour lui, «dans les rencontres entre habitus et situations, le jeu des habitus n'est pas nécessairement homogène» (*ibid.*, p. 244). Ce qui le conduit à avancer «l'idée que l'habitus puisse déterminer avec un poids variable selon les contextes sociaux, les conduites et les représentations» *(ibid.*, p. 247).

Les conjonctures de crise sont alors envisagées tout à la fois comme des *transformations d'état* des systèmes sociaux complexes et comme des *mobilisations multisectorielles*, c'est-à-dire des mobilisations qui se déploient simultanément dans plusieurs secteurs sociaux. Les crises politiques se caractérisent par une *fluidité politique*, avec différentes composantes comme *la désectorisation conjoncturelle de l'espace social* (une moindre prégnance des frontières entre secteurs sociaux), *l'incertitude structurelle* (l'effacement ou le brouillage des repères routiniers du calcul politique) et des *processus de désobjectivation* (une perte d'objectivité d'aspects antérieurement stabilisés de la réalité sociale). Ce type d'analyse suppose une attention particulière aux interprétations, à l'activité tactique, aux calculs, aux anticipations et aux échanges de coups entre acteurs, qui se déploient dans des *arènes*, c'est-à-dire des lieux d'interaction directe (un secteur comportant plusieurs arènes). Michel Dobry s'intéresse donc aux multiples façons dont les acteurs, insérés dans des contextes divers, calculent ; mais quand il ajoute «lorsqu'ils calculent[57]», il pointe *en creux* un aspect nouveau qu'il a peu traité pour

56. *Sociologie des…*, *op. cit.*, p. 97.
57. «Logique de la…», *op. cit.*, p. 182.

l'instant : les situations où le comportement des acteurs ne peut pas être pensé à travers la notion de calcul (voir sur cette dimension la notion d'*agapè* ou amour chez Luc Boltanski, chapitre 5). Par contre, il a prolongé son analyse avec la critique d'une forme courante d'évolutionnisme rencontrée notamment chez les historiens : la tendance à penser un processus d'action collective à partir de son issue et à tirer alors mécaniquement un trait droit entre les résultats observés et les causes supposées, ignorant les aspects plus cahoteux et incertains de l'action en train de se faire[58].

Pour l'instant, l'entreprise originale d'articulation du micro et du macro proposée par Michel Dobry a surtout été développée sur son versant théorique. Parmi ses premiers prolongements empiriques, en dehors d'un impact certain sur les travaux français consacrés à l'action collective, signalons l'analyse de la crise politique de mai 1877 avancée par Willy Pelletier[59].

4. La théorie de la structuration d'Anthony Giddens

Chercheur britannique, Anthony Giddens est aujourd'hui professeur de sociologie à l'université de Cambridge. Ses travaux sont particulièrement discutés aux États-Unis depuis les années 1970, mais ont été introduits tardivement en France avec la traduction de *La Constitution de la société - Éléments de la théorie de la structuration* en 1987[60]. L'œuvre d'Anthony Giddens, à la différence de celle de Norbert Élias ou de Pierre Bourdieu, est surtout théorique. Anthony Giddens a ainsi essayé de combiner, au sein d'une théorie de la structuration, une double sociologie des

58. «Février 1934 et la découverte de l'allergie de la société française à la Révolution fasciste», *Revue française de sociologie*, vol. 30, nos 3-4, juil.-déc. 1989.
59. «La crise de mai 1877», dans B. Lacroix et J. Lagroye (éds.), *Le Président de la République*, Paris, Presses de la FNSP, 1992.
60. Paris, PUF (1re éd. 1984).

structures sociales et de l'action, dont nous n'aborderons que quelques-unes des articulations. Le concept de *structuration* vise d'abord à nous faire appréhender les structures sociales sous l'angle du *mouvement*. Anthony Giddens le définit ainsi : «procès des relations sociales qui se structurent dans le temps et dans l'espace via la dualité du structurel[61]».

4.1 La dualité du structurel

Cette notion de *dualité du structurel* peut s'exprimer de différentes façons. On peut d'abord avancer «que les propriétés structurelles des systèmes sociaux sont à la fois des conditions et des résultats des activités accomplies par les agents qui font partie de ces systèmes» (p. 15). Il s'agit d'une vision *circulaire* de la construction du monde social, où ses dimensions structurantes sont à la fois situées *avant* l'action, comme ses conditions, et *après*, comme des produits de celle-ci. Ces aspects structurants, à travers lesquels le chercheur tente d'appréhender ce en quoi «des relations sociales se stabilisent dans le temps et dans l'espace» (p. 42), se distinguent donc de l'action humaine située *ici et maintenant*, mais en même temps, ils «n'existent pas en dehors de l'action» présente (p. 442). Outil *abstrait* forgé par le sociologue afin de saisir ce qui, stabilisé, ne s'invente pas dans chaque nouvelle interaction, le structurel n'a toutefois de réalité *empiriquement* saisissable *qu'actualisé* dans l'action et l'interaction.

Mais la notion de «dualité du structurel» peut être vue sous un autre angle : l'affirmation que «le structurel est toujours à la fois contraignant et habilitant» (p. 226) et qu'il renvoie donc conjointement aux notions de *contrainte* et de *compétence*. Par exemple, l'apprentissage de notre langue maternelle contraint nos capacités d'expression, et donc limite nos possibilités de connaissance et d'action, mais, dans le même temps, nous donne une habileté, rend possible tout un ensemble d'actions et d'échanges.

61. *Op. cit.*, p. 444 ; seul cet ouvrage d'A. Giddens sera cité dans ce sous-chapitre.

4.2 La compétence des acteurs : conscience pratique et conscience discursive

Intégrant une sociologie de l'action, la théorie de la structuration nous présente donc des acteurs sociaux compétents ; la compétence étant entendue comme «tout ce que les acteurs connaissent (ou croient), de façon tacite ou discursive, sur les circonstances de leur action et de celle des autres, et qu'ils utilisent dans la production et la reproduction de l'action» (p. 440). Cette compétence souligne notamment *une capacité réflexive* des acteurs humains «constamment engagée dans le flot des conduites quotidiennes», c'est-à-dire qu'ils sont «capables de comprendre ce qu'ils font pendant qu'ils le font» (p. 33). Mais cette «réflexivité n'opère qu'en partie au niveau discursif» (p. 33) et, au sein de la compétence humaine, Anthony Giddens est amené à distinguer la conscience discursive et la conscience pratique. *La conscience discursive* renvoie à «tout ce que les acteurs peuvent exprimer de façon verbale (orale ou écrite)» (p. 440), c'est-à-dire ce à quoi on réduit couramment la notion de conscience. *La conscience pratique*, notion plus originale, vise «tout ce que les acteurs connaissent de façon tacite, tout ce qu'ils savent faire dans la vie sociale sans pouvoir l'exprimer directement de façon discursive» et n'est pas sans lien avec la notion de *routine* (p. 33). La frontière entre ces deux modalités de la compétence sont flottantes et changeantes. Par contre, Anthony Giddens note, en référence à la théorie psychanalytique de Sigmund Freud (1856-1939), qu'«il existe des barrières, en particulier le refoulement, entre la conscience discursive et l'inconscient» (p. 55) ; *l'inconscient* incluant «les formes de cognition ou d'impulsion qui sont totalement refoulées, ou qui n'apparaissent dans la conscience qu'une fois déformées» (p. 53). L'inconscient constitue une des *limites* de la compétence des acteurs humains.

La prise en compte de la compétence humaine, même limitée, conduit Anthony Giddens à envisager de manière non rigide les rapports entre connaissance ordinaire et connaissance savante du monde social :

«Aucune ligne de démarcation claire ne sépare les acteurs “ordinaires” des spécialistes lorsqu'il s'agit de réflexion sociologique documentée. Des lignes de démarcation *existent*, certes, mais elles sont inévitablement floues» (p. 43). Par ailleurs, dans une vue dynamique de cette non-étanchéité, il note que les théories des sciences sociales «s'entrelacent plus ou moins avec des théories-en-usage» des acteurs (p. 44). Cela ne signifie toutefois pas qu'acteurs et chercheurs utilisent les mêmes types de critères pour évaluer leurs analyses. Anthony Giddens parle des «critères de crédibilité», utilisés par les acteurs pour rendre compte de ce qu'ils font, et des «critères de validité», auxquels se réfèrent les chercheurs en sciences sociales pour soutenir les résultats de leurs travaux ou juger ceux des autres (pp. 404-405). On a essayé de prolonger et d'affiner ce type de démarche en envisageant tout à la fois les proximités et les différences, les continuités et les discontinuités, mais aussi les interrelations dans un processus de réalimentation réciproque (des acteurs vers les chercheurs comme des chercheurs vers les acteurs), des savoirs sociaux des acteurs et de ceux des chercheurs en sciences sociales[62].

4.3 Les conséquences non intentionnelles de l'action

Pour Anthony Giddens, «les propriétés structurées des systèmes sociaux s'étendent, dans le temps et dans l'espace, bien au-delà du contrôle que peut en exercer chaque acteur» (p. 75). *Les conséquences non intentionnelles de l'action* constituent alors, avec l'inconscient, une des limites principales de la compétence des acteurs sociaux.

Avec ce concept, Anthony Giddens intègre à sa théorie de la structuration une notion classique en sociologie, depuis le fonctionnalisme de Robert Merton et ses «conséquences non anticipées de l'action sociale

62. Cf. P. Corcuff, «Éléments d'épistémologie ordinaire du syndicalisme», *Revue française de science politique*, vol. 41, n° 4, août 1991.

finalisée» jusqu'à l'individualisme méthodologique de Raymond Boudon et ses «effets pervers». De quoi s'agit-il ? «Du cours de l'action surgissent sans cesse des conséquences non voulues par les acteurs et, de façon rétroactive, ces conséquences non intentionnelles peuvent devenir des conditions non reconnues d'actions ultérieures» (p. 76). C'est alors une véritable dialectique de l'intentionnel et de l'inintentionnel que propose Anthony Giddens, l'intentionnel (l'intention de tel acteur accomplissant tel acte) étant pris dans des séquences d'action complexes qui tendent à lui échapper et qui portent l'action plus loin que lui. Anthony Giddens prend l'exemple de la lumière et du cambrioleur. L'acteur allumant la lumière de son appartement en rentrant chez lui alerte le cambrioleur qui s'y trouve ; celui-ci prend alors la fuite, est arrêté par la police et finit en prison. Or, l'intention de l'acteur n'était que d'éclairer la pièce. La notion de conséquences non intentionnelles de l'action cherche alors à répondre à la question suivante : «Comment se fait-il qu'un acte aussi banal que celui d'actionner un commutateur a pu déclencher une série d'événements dont certains sont spatio-temporellement fort éloignés de l'acte déclencheur ?» (p. 59). Cette notion devient alors *un médiateur* et même une sorte de *conducteur* d'actions et d'interactions quotidiennes vers des espaces plus larges, d'un point de vue spatial et temporel, sans que, à la différence de la notion d'interdépendance chez Norbert Élias, on appréhende les actions du point de vue d'un ensemble.

4.4 Critique de l'évolutionnisme

Si Anthony Giddens accorde une grande importance à l'histoire et à la dimension temporelle de l'action sociale, il apparaît très critique à l'égard de l'évolutionnisme, c'est-à-dire de la «tendance à associer la temporalité à une séquence linéaire et à penser l'histoire de cette façon comme si elle était animée d'un mouvement dont la direction est perceptible» (p. 38). Un des dangers de l'évolutionnisme est ce qu'il appelle «la compression unilinéaire», qui rabat sur une seule ligne d'évolution générale les mouvements propres aux sociétés humaines. Cette direction de l'histoire n'est bien souvent que la généralisation d'un aspect spécifique du travail de l'histoire, qui confond alors «l'évolution générale avec une évolution spécifique» (p. 299). On trouve ici des convergences avec la tentative de Raymond Boudon pour restituer une place au hasard et au désordre, en mettant en cause les théories à prétentions universalistes du changement, du développement ou de la modernisation[63].

Mais avec sa critique, Anthony Giddens rejoint, par certains aspects, une mise en cause encore plus radicale et systématique des évolutionnismes, formulée, en puisant dans l'œuvre du philosophe Friedrich Nietzsche (1844-1900), par le philosophe-historien Michel Foucault (1926-1984). Michel Foucault cherche, contre les «genèses linéaires» ayant pour ambition de «recueillir, dans une totalité bien refermée sur soi, la diversité enfin réduite du temps», à redonner toute leur place au discontinu, à l'erratique, à l'hétérogène, au singulier et à l'accidentel, c'est-à-dire à «déployer les dispersions et les différences»[64].

4.5 Système, intégration sociale et intégration systémique ou le micro réabsorbé par le macro

Anthony Giddens est amené à critiquer les analyses classiques des sociologies fonctionnalistes et, tout particulièrement, la notion de *fonction* (pp. 356-361). Par une métaphore biologiste identifiant un système social à un corps humain doté de fonctions naturelles, les explications fonctionnalistes négligent, selon lui, la compétence et l'activité intentionnelle des acteurs, préférant attribuer une logique et une rationalité autosuffisantes au système social lui-même. Ce faisant, elles pensent «avoir résolu une question», là où simplement a été «posé un problème» (p. 360). Anthony Giddens n'abandonne toutefois pas la tentation de penser les parties d'un

63. *La Place du désordre - Critique des théories du changement social*, Paris, PUF, 1984.
64. «Nietzsche, la généalogie, l'histoire», dans *Hommage à Jean Hyppolite*, Paris, PUF, 1971.

ensemble social en référence à un tout, d'où le recours aux notions de «système social», d'«intégration systémique» et d'«intégration sociale». *Le système social* est défini comme «formation, à travers l'espace-temps, de modèles régularisés de relations sociales conçues comme pratiques reproduites» (p. 444). C'est donc bien un tout stabilisé qui est visé, même s'il est précisé que les systèmes sociaux «possèdent rarement la sorte d'unité interne qui caractérise nombre de systèmes physiques et biologiques» (*ibid.*). *L'intégration sociale* désigne le tout propre aux situations d'interaction, c'est-à-dire la «réciprocité entre acteurs dans des circonstances de coprésence» (p. 442), et *l'intégration systémique* étend sa portée, en exprimant la «réciprocité entre acteurs et collectivités dans un espace-temps étendu, hors des conditions de coprésence» (*ibid.*). Anthony Giddens pense avoir «dépassé» la distinction micro/macro grâce à ces concepts. Il apparaît plutôt que ses schémas conceptuels restent tendus entre l'attention portée aux activités quotidiennes des acteurs et le projet de les appréhender en fonction d'*un tout* s'imposant nécessairement à eux. On rencontre à nouveau ici la difficulté à penser de manière équilibrée *les processus de coproduction des parties et du tout*.

On a donc vu avec Anthony Giddens une tentative théorique nouvelle pour sortir des dualismes classiques des sciences sociales, mais il ne semble pas que les solutions esquissées soient complètement à la hauteur des ambitions affichées. Dans une science *empirico-théorique* comme la sociologie, les problèmes posés ne peuvent sans doute pas être résolus de façon exclusivement théorique. En France, les travaux de Giddens, s'ils ont été assez bien accueillis, n'ont pas encore eu beaucoup d'écho dans les recherches proprement dites. C'est toutefois l'une des ressources utilisées par Jean-François Bayart dans ses analyses de sociologie politique sur l'Afrique[65].

---

65. Cf. *L'État en Afrique*, Paris, Fayard, 1989.

DES INTERACTIONS AUX STRUCTURES SOCIALES

Notre voyage au sein de la *galaxie constructiviste* se poursuit avec des auteurs qui, s'ils partent des individus et de leurs interactions, en viennent à prendre en compte des entités plus larges que ces individus et que leurs rencontres de face-à-face (institutions, organisations, réseaux, normes, etc.), qui deviennent alors contraignantes vis-à-vis des activités quotidiennes de construction du monde social. Ces sociologues ont développé pour certains leurs travaux dès les années 1960 aux États-Unis (Peter Berger et Thomas Luckmann, Aaron Cicourel), d'autres se sont affirmés plus récemment (Michel Callon et Bruno Latour, Jon Elster), mais ils ont en commun d'avoir suscité un intérêt en France dans les années 1980 et aux débuts des années 1990, au moment où les orientations plus «qualitatives» et plus «interactionnistes» avaient davantage de succès que précédemment. Toutefois, nous n'avons retenu ici que des travaux s'efforçant de sortir d'un strict niveau micro-sociologique, et qui ont donc tenté eux aussi d'échapper aux dichotomies traditionnelles. Ce fil conducteur de notre démarche nous a amené à laisser de côté une part de ce qui est apparu «nouveau» dans le champ de la sociologie française.

1. *La Construction sociale de la réalité* de Peter Berger et Thomas Luckmann

Peter Berger et Thomas Luckmann enseignent la sociologie, le premier aux États-Unis, le second en Allemagne. Leur livre — *The Social Construction of Reality,* sous-titré dans la version anglaise *A Treatise in the Sociology of Knowledge* —, publié pour la première fois aux États-Unis en 1966 et constamment réimprimé dans des formats de poche depuis, est devenu un ouvrage de référence. Pourtant le public français ne l'a eu à sa disposition qu'en 1986[1], avec une préface impressionniste et subjectiviste de Michel Maffesoli qui obscurcit quelque peu le propos du livre. Peter Berger et Thomas Luckmann furent les étudiants aux États-Unis d'un auteur classique des sciences sociales, redécouvert également en France dans les années 1980[2] : Alfred Schütz, initiateur d'une « sociologie phénoménologique ».

1.1 Un constructivisme phénoménologique : l'apport d'Alfred Schütz

À la différence du *constructivisme structuraliste*, partant des structures sociales, revendiqué par Pierre Bourdieu, on peut associer Peter Berger et Thomas Luckmann à un *constructivisme phénoménologique*, partant des individus et de leurs interactions. L'apport de Schütz (voir encadré ci-contre) est, de ce point de vue, important et marque tout particulièrement, mais non exclusivement, l'introduction (« Le problème de la sociologie de la connaissance ») et surtout le premier chapitre du livre (« Les fondements de la connaissance dans la vie quotidienne »).

Dans leur introduction, Peter Berger et Thomas Luckmann élargissent la *sociologie de la connaissance*, auparavant trop limitée à la connaissance théorique, à la connaissance ordinaire, et par là à l'ensemble des processus de construction sociale de la réalité. C'est dans une inspiration schützienne qu'ils vont alors partir de *la connaissance dans la vie quotidienne* et de son activation dans des *situations de face-à-face*. Dans cette perspective « la réalité de la vie quotidienne contient des schémas de typification en fonction desquels les autres sont appréhendés et "traités" dans des rencontres en face-à-face. Ainsi j'appréhende l'autre en tant qu'"homme", qu'"Européen", qu'"acheteur", que "type jovial", etc. » (p. 47). Ces *typifications* réciproques entre acteurs « font partie d'une

1. Trad. franç., Paris, Méridiens-Klincksieck.
2. Cf. en 1987 le choix de textes sous le titre *Le Chercheur et le quotidien*, Paris, Méridiens-Klincksieck.

"négociation" continuelle à l'intérieur de la situation en face-à-face. Dans la vie quotidienne une telle "négociation" est probablement elle-même *pré-arrangée* d'une manière typique — comme dans le processus de marché typique qui s'élabore entre les acheteurs et les vendeurs» (p. 48).

La sociologie phénoménologique d'Alfred Schütz

D'origine autrichienne, Schütz s'est trouvé à la croisée des préoccupations de la sociologie de Weber et de la philosophie phénoménologique d'Edmund Husserl (1859-1938)[1]. À la suite de son exil aux USA en 1939, il se confrontera également, du fait d'un intérêt convergent pour la question de *l'action*, à la tradition pragmatique de la philosophie américaine (John Dewey, William James ou George Herbert Mead)[2] comme à la sociologie alors dominante de Talcott Parsons (1902-1979). Parmi les apports, principalement théoriques et méthodologiques, de Schütz, on peut retenir schématiquement :

– Pour Schütz, «Les objets de pensée, construits par les chercheurs en sciences sociales se fondent sur les objets de pensée construits par la pensée courante de l'homme menant sa vie quotidienne parmi ses semblables et s'y référant. Ainsi, les constructions utilisées par le chercheur en sciences sociales sont, pour ainsi dire, des *constructions au deuxième degré*, notamment des constructions de constructions édifiées par les acteurs sur la scène sociale dont l'homme de science observe le comportement et essaie de l'expliquer tout en respectant les règles de procédure de sa science[3].»

– À la base de la connaissance savante du monde social, il y a donc sa connaissance ordinaire : «Toute interprétation de ce monde est basée sur *une réserve d'expériences préalables*, les nôtres propres ou celles que nous ont transmises nos parents ou nos professeurs ; ces expériences, sous forme de "connaissances disponibles", fonctionnent comme schèmes de référence» (*ibid.*, p. 12), au sein d'*un stock de connaissances disponibles*.

– Cette connaissance commune se manifeste par sa *typicalité* : «ce qui est expérimenté dans la perception actuelle d'un objet est transféré (…) sur tout autre objet similaire, perçu seulement quant à son type» (*ibid.*, p. 13). Les acteurs se livrent donc, notamment à travers *le langage* qu'ils ont hérité des générations antérieures, à une activité de *typification* du monde social («Lorsque je glisse une lettre dans la boîte, je m'attends à ce que des gens inconnus, appelés employés postaux, agissent de manière typique, qui m'échappe d'ailleurs en partie, obtenant comme résultat que ma lettre va atteindre le destinataire dans un temps typique raisonnable», *ibid.*, p. 24).

– Le monde que vise la connaissance quotidienne est d'emblée *un monde intersubjectif et culturel*, parce qu'il n'est pas seulement le mien mais celui d'autres hommes, dont ceux qui m'ont précédé, et qu'il est constitué de significations qui se sont *sédimentées* à travers l'histoire des sociétés humaines (*ibid.*, pp. 15-17).
– Ni du côté des acteurs, ni du côté du monde social auquel ils participent, il n'y a homogénéité : 1°) le stock de connaissances disponibles n'est pas le même pour chaque acteur : il y a «distribution sociale de la connaissance», liée à *la situation biographiquement déterminée* de chacun (*ibid.*, pp. 14-15 et 20-21) ; et 2°) le monde de la vie quotidienne est structuré en «diverses couches de réalité», en *réalités multiples*[4].
– La notion centrale d'*action* est prise par Schütz «au sens de la conduite humaine, en tant que prévue à l'avance par son acteur, c'est-à-dire la conduite basée sur un projet pré-conçu[5]» ; à la notion de *projet*, orientée vers le futur, sont associées celles de *conscience* et de *motifs*.
– Enfin, Schütz différencie la connaissance savante du monde social propre au sociologue et la connaissance ordinaire, sur laquelle elle prend appui. Le chercheur en sciences sociales qui observe le monde social est guidé par *un système de pertinences* différent de celui de l'acteur qui prend part directement à l'action (ce qui est pertinent pour l'un ne l'est pas nécessairement pour l'autre) ; le savant, qui veut *connaître* et non *agir* dans la situation observée, est amené à se détacher d'elle et à puiser, pour ce faire, dans le stock de connaissances disponibles propre à sa discipline scientifique (son corpus de règles de procédures, de méthodes, de techniques, de concepts et de modèles)[6].

Pour finir sur quelques critiques adressées à la sociologie phénoménologique de Schütz, on doit noter certains problèmes, et en particulier le risque de se focaliser trop exclusivement sur l'acteur individuel, sa conscience et ses projets dans l'interprétation du monde social comme la tentation de réduire tout le champ des sciences sociales à une construction du second degré.

---

1. Cf. François-André Isambert : «Alfred Schütz entre Weber et Husserl», *Revue française de sociologie,* vol. 30, n° 2, avril-juin 1989 ; et Natalie Depraz : «L'ethnologue, un phénoménologue qui s'ignore ? – L'apport de la phénoménologie aux sciences sociales», *Genèses,* n° 10, janv. 1993.
2. Sur le «tournant pragmatique» de la sociologie phénoménologique de Schütz, voir Daniel Cefaï : «Type, typicalité, typification - La perspective phénoménologique», dans B. Fradin *et al.* (éds.) *L'Enquête sur les catégories,* Paris, Éditions de l'EHESS, coll. «Raisons pratiques», 1994.
3. «Sens commun et interprétation scientifique de l'action humaine» (1re éd. 1953), dans *Le Chercheur..., op. cit.*, p. 11.
4. «Sur les réalités multiples» (1re éd. 1945), dans *Le Chercheur..., op. cit.*
5. «Sens commun et...», *op. cit.*, pp. 26-29.
6. *Ibid.*, pp. 42-54.

1.2 La société comme réalité objective et subjective

Pour Peter Berger et Thomas Luckmann, «la société est une production humaine. La société est une réalité objective. L'homme est une production sociale» (p. 87) ; d'où les intitulés complémentaires des chapitres 2 («La société comme réalité objective») et 3 («La société comme réalité subjective»). Ils donnent alors une des formulations les plus systématiques d'*un programme constructiviste en sciences sociales*, en puisant, au-delà de Schütz, dans des auteurs aussi différents que Marx, Durkheim, Simmel, Weber, Mead, Sartre, Parsons ou Goffman.

Tout d'abord, la société est bien pour eux *une réalité objective*, c'est-à-dire *extériorisée* (s'émancipant des acteurs qui la produisent) et *objectivée* (constituée de mondes d'objets séparés des sujets). C'est ce double processus d'extériorisation et d'objectivation, en ce qu'il prend appui sur la connaissance ordinaire typificatrice et sur les interactions de face-à-face, qui alimente les processus d'*institutionnalisation*, au sens large : «L'institutionnalisation se manifeste chaque fois que des classes d'acteurs effectuent une typification réciproque d'actions habituelles. (...) Il faut souligner la réciprocité des typifications institutionnelles et la typicalité des actions mais aussi des acteurs dans les institutions. (...) L'institution elle-même typifie à la fois les acteurs et les actions individuels. (...) Par exemple, l'institution de la loi pose que les têtes seront tranchées dans des circonstances spécifiques, et que des types spécifiques d'individus exécuteront la sentence (des bourreaux, ou des membres d'une caste impure, ou des vierges en-dessous d'un certain âge, ou ceux qui ont été désignés par un oracle)» (pp. 78-79). C'est alors, dans le travail de *l'histoire*, par des phénomènes de *cristallisation* des typifications et des habitudes et de *sédimentation* au cours du temps (notamment, mais non exclusivement, dans des *stocks communs de connaissances*, dont *le langage* qui nomme la réalité) que des institutions acquièrent une certaine solidité et stabilité. Par ailleurs, les institutions sont amenées à *se spécialiser* dans un mouvement de division du travail, les acteurs eux-mêmes occupant en fonction (et au sein) de chaque institution des *rôles* sociaux différenciés (pp. 101-111). Les univers institutionnels requièrent alors, pour mieux tenir, des *légitimations*, à la fois d'ordre cognitif et normatif, c'est-à-dire des formes symboliques qui permettent leur connaissance (pratique et théorique) et qui leur donnent de la valeur (p. 129). L'institutionnalisation n'est toutefois pas irréversible, d'où la possibilité de formes de *désinstitutionnalisation* (p. 114).

Cette lecture constructiviste de la réalité sociale s'oppose alors aux modèles systémo-fonctionnalistes (en termes de « système », de « fonctions » et d'« intégration »), dans le sens où « l'intégration ne repose pas sur les institutions mais sur leur légitimation » (p. 272), et où il n'y a donc pas de « fonctionnalité » ou de cohésion « systémique » *a priori* au sein des institutions ou entre institutions d'une même société, mais un travail symbolique pour leur attribuer une cohérence (pp. 91-92). D'autre part, l'insistance sur *l'objectivité construite* du monde social distingue Peter Berger et Thomas Luckmann des approches plus subjectivistes comme celle de Paul Watzlawick, par rapport auxquelles Thomas Luckmann a d'ailleurs indiqué que « Berger et moi sommes presque matérialistes[3] ».

Pour nos deux auteurs, la société est également *une réalité subjective*, c'est-à-dire *intériorisée* à travers *la socialisation*. Cette socialisation est définie comme « l'installation consistante et étendue d'un individu à l'intérieur du monde objectif d'une société ou d'un secteur de celle-ci », *la socialisation primaire* se développant au cours de l'enfance, donc de manière plus marquante, et *la socialisation secondaire* dans les apprentissages postérieurs (pp. 179-180). La socialisation est alors caractérisée, comme l'institutionnalisation, par *un double processus de conservation et de transformation*. Un de ses vecteurs est « l'appareil de conversation » : il « maintient continuellement la réalité et, simultanément, il la modifie continuellement. Des éléments sont abandonnés et ajoutés, affaiblissant

3. « Un entretien avec Thomas Luckmann » par J. Ferreux, *Sociétés*, n° 21, déc. 1988, pp. 39-42.

certains secteurs de la réalité (...) et en renforçant d'autres» (p. 209). Enfin, tant sur le plan du monde objectif que subjectif, l'analyse met l'accent sur la diversité, en tant que caractéristique de nos contextes contemporains, dans ce qui est appelé *un pluralisme des réalités et des identités* (p. 235).

La synthèse programmatique proposée par Peter Berger et Thomas Luckmann a suscité un intérêt dans les sciences sociales ces dernières années mais aussi des critiques. Sur le premier plan, on peut citer, entre autres, les travaux de sociologie économique de Mark Granovetter et Richard Swedberg ou ceux de Claude Dubar sur la socialisation. Quant aux critiques, on a reproché à Peter Berger et Thomas Luckmann de «placer au fondement de toute objectivation les rapports interindividuels[4]» comme d'oublier, en se réclamant d'une sociologie de la connaissance, que l'objet de la sociologie «s'étend bien au-delà de la culture de sens commun» des acteurs[5]. On retrouve ici des limites qui seraient celles de Schütz. Mais on peut se demander si, au bout du compte, les analyses des deux auteurs ne débordent pas assez nettement, en particulier dans l'analyse des modes d'objectivation et d'institutionnalisation, le cadre d'une sociologie de la connaissance, même étendue à une construction du second degré.

2. La sociologie cognitive d'Aaron V. Cicourel

Né en 1928, Aaron V. Cicourel est professeur de sociologie dans le département de science cognitive de l'université de Californie-San Diego. Comme Harold Garfinkel (né en 1917), avec qui il a initié le courant de la sociologie américaine appelé ethnométhodologie — beaucoup discuté en

4. M. Dobry, «Apport de l'école néo-phénoménologique», dans G. Duprat (éd.), *Analyse de l'idéologie*, tome 2, Paris, Galilée, 1983, p .104.
5. D. Rubinstein, *Marx and Wittgenstein*, London, Routledge and Kegan Paul, 1981, pp. 84-85.

France dans les années 1980 — il a été l'étudiant de Schütz. Il a développé une œuvre multiforme aux dimensions méthodologiques, théoriques et empiriques (notamment sur les terrains de la délinquance juvénile, de l'école et de l'hôpital). Au sein de la mouvance ethnométhodologique, nous focaliserons notre attention sur certaines de ses recherches, car il est celui qui a été le plus loin pour sortir d'un cadre encore trop interactionniste et identifier de nouveaux passages avec des aspects macro-sociaux de la réalité.

2.1 Le point de départ ethnométhodologique

Harold Garfinkel a également été l'étudiant de Talcott Parsons qui a cherché à articuler une macro-sociologie systémo-fonctionnaliste soucieuse de la stabilité de l'ordre social, et une théorie de l'action attentive aux motivations des acteurs. Ce sont des problèmes que Garfinkel a essayé d'aborder autrement. En 1967 paraissent ses *Studies in Ethnomethodology*[6], qui sont considérées comme le livre « fondateur » de l'ethnométhodologie.

Dans le mot même d'*ethnométhodologie*, *ethno* suggère qu'un membre dispose du savoir de sens commun de sa société et *méthodologie* vise la mise en œuvre de méthodes ordinaires par un tel membre. On voit à travers la notion schützienne de *savoir de sens commun* comme à travers celle, d'origine parsonienne, de *membre* (et non d'individu ou d'acteur), doté de *compétences* renvoyant notamment à la maîtrise du langage au sein d'une collectivité donnée, que la préoccupation de la stabilité de l'ordre social n'a pas disparu et que des liens sont envisageables avec des aspects plus macro-sociaux. Mais, à la différence de Parsons, les investigations de Harold Garfinkel portent essentiellement sur l'action pratique, les interactions ordinaires et les méthodes de raisonnement pratique. Car, comme l'indique Louis Quéré, il considère que « l'ordre, la régularité, la concordance manifestés par les phénomènes sociaux sont le résultat

6. Englewoods Cliffs (N.J.), Prentice-Hall.

d'opérations interactives effectuées *en situation*[7]». C'est pourquoi «la réalité objective des faits sociaux» est, contre «certaines versions de Durkheim», saisie «comme un accomplissement continu d'activités concertées de la vie courante»[8].

Les études ethnométhodologiques visent «les activités quotidiennes en tant que méthodes des membres pour rendre ces activités visiblement-rationnelles-et-rapportables-pour-tous-buts-pratiques, c'est-à-dire descriptibles (*accountable*) comme organisations des activités ordinaires. La réflexivité de ce phénomène est un trait singulier de ces actions pratiques, des circonstances pratiques, du savoir de sens commun des structures sociales, et du raisonnement sociologique pratique» (*ibid.*). Si pour Harold Garfinkel, les membres ne passent pas leur temps à produire des *accounts* (des comptes rendus) sur ce qu'ils font, il insiste toutefois sur l'*accountability* des phénomènes sociaux, c'est-à-dire leur propriété d'être disponibles à la réflexivité et à la thématisation de ces membres. Ce faisant, ce mode d'entrée dans les processus sociaux risque de nous entraîner d'une dérive bien identifiée par Harold Garfinkel — considérer les acteurs comme des «idiots culturels» (*cultural dopes*), hyperconformes aux normes sociales préétablies et faiblement réflexifs — vers une autre, intellectualiste cette fois, analysée par la sociologie de la pratique de Pierre Bourdieu. Si la réflexivité des membres ne peut pas être *a priori* éliminée de leurs conduites pratiques, ce n'est sans doute pas seulement en partant d'elle que ces dernières peuvent être appréhendées. Associer les problèmes posés par Pierre Bourdieu et par Harold Garfinkel supposerait alors peut-être de penser une *économie pratique de la réflexivité*, variable selon les situations.

En ce qui concerne les relations entre connaissance savante et connaissance ordinaire du monde social, Harold Garfinkel s'intéresse surtout aux proximités entre les deux ordres de connaissance (à ce en quoi les

7. «L'impératif de description» (p. 68), réponse aux critiques de Michel Freitag : «La quadrature du cercle», dans le même n° 4 de la *Revue du MAUSS*, 2e trimestre 1989.
8. H. Garfinkel, 1967, *op. cit.*, p. VII.

« enquêtes sociologiques professionnelles sont pratiques de part en part », *ibid.*, p. VIII). Cela ne signifie pas qu'il considère qu'ils sont identiques, puisque, reprenant des analyses de Schütz, il est amené à prendre aussi en compte leurs différences dans son chapitre 8 (« *The rational properties of scientific and common sense activities* »).

La recherche ethnométhodologique a ensuite été particulièrement développée, dans le sillage d'Harvey Sacks et Emmanuel Schegloff, dans le domaine très microsociologique de *l'analyse de conversation.* En France, l'ethnométhodologie, qui a commencé à devenir une référence dans les années 1980[9], a davantage produit des commentaires des textes des « pères fondateurs » que des investigations empiriques poussées.

2.2 La sociologie cognitive

Dans le contexte américain, Aaron V. Cicourel, quant à lui, va déplacer ses travaux de l'ethnométhodologie vers une *sociologie cognitive*. Celle-ci témoigne d'un triple intérêt pour le langage, la signification et la connaissance (d'où le qualificatif *cognitif*)[10]. Au cœur de cette série de recherches, on trouve les notions de :

– *procédés interprétatifs*, « pour articuler les idées des phénoménologues et celle des ethnométhodologues, et les rapporter aux travaux concernant l'acquisition et l'utilisation du langage, la mémoire et l'attention ou, en général, ce qui relève du traitement de l'information (*information processing*) » (*ibid.*, p. 8) ;

– et de *compétence interactionnelle*, « permettant de préciser les relations entre les processus cognitifs, l'apparition des contextes et les vocabulaires de narration (*accounting vocabularies*) » (*ibid.*).

9. Voir tout particulièrement le n° 3 de 1984 de la revue *Problèmes d'épistémologie en sciences sociales* (CEMS, EHESS, Paris) intitulé « Arguments ethnométhodologiques » (avec des extraits traduits de textes d'H. Garfinkel et H. Sacks ainsi que des contributions de Bernard Conein, Renaud Dulong, Patrick Pharo et Louis Quéré).
10. *La Sociologie cognitive*, trad. franç., Paris, PUF, 1979 (1re éd. 1973).

L'analyse sociologique s'ouvre également au champ de *la communication non verbale* (au travers de l'étude du langage des sourds), qui n'est pas réduite au modèle de la communication verbale (*ibid.*, chap. 5).

Aaron V. Cicourel met en évidence qu'acteurs et chercheurs sont conduits à s'appuyer sur des procédés interprétatifs communs dans leurs activités cognitives. Le chercheur ne peut alors «rendre ses observations objectives qu'en explicitant les propriétés des procédés interprétatifs et sa dépendance à leur égard pour mener à bien les activités de la recherche» (*ibid.*, p. 47). La visée d'objectivité scientifique impliquerait donc, dans le cas des sciences sociales, un impératif de *réflexivité sociologique*. Enfin, la question des relations avec les aspects macro-sociaux est présente, puisqu'il s'agit d'«expliciter le rôle de la connaissance et du contexte dans l'étude de la structure sociale» (*ibid.*, p. 8), à travers notamment les procédures d'«acquisition de la structure sociale» au cours de la socialisation (*ibid.*, chap. 2).

En France, on observe depuis le milieu des années 80 un intérêt accru pour la dimension cognitive de l'action sociale. On peut indiquer, entre autres, l'attention manifestée par Jean G. Padioleau ou les travaux de Bernard Conein, davantage insérés dans les débats propres aux *sciences cognitives* (incluant notamment des disciplines biologiques, psychologiques, linguistiques ou l'intelligence artificielle). Mais, dans le type de dialogue que mène Bernard Conein avec les sciences cognitives, on peut se demander si l'on ne se trouve pas devant un nouveau risque de *naturalisme* — par exemple, dans la recherche de ponts avec l'éthologie (étude du comportement des animaux)[11] — tendant à réaligner les sciences sociales sur les sciences naturelles.

2.3 De nouveaux passages entre le micro et le macro-social

Depuis le début des années 1980, Aaron V. Cicourel s'est particulièrement intéressé à une reformulation de la question des relations entre aspects micro et macro de la réalité sociale.

11. «Éthologie et sociologie», *Revue française de sociologie*, janvier-mars 1992.

Pour Aaron V. Cicourel, «une micro-sociologie ne peut prétendre étudier l'interaction sociale comme une production locale et autosuffisante, pas plus que les théoriciens du macro ne peuvent ignorer les micro-processus[12]». Ne serait-ce que parce que chacun, de manière implicite et sans le problématiser, utilise comme points d'appui des éléments empruntés à l'autre niveau. Par exemple, le chercheur micro situera son observation participante d'un petit groupe d'acteurs dans un cadre institutionnel et culturel plus large, qui va pour lui aller de soi et qu'il n'interrogera pas, alors que le sociologue macro agrégera des réponses à un questionnaire, en présupposant une compétence cognitive et discursive des acteurs interviewés mais sans la prendre pour objet. Or, chacun, dans ses comptes rendus de recherche, va vouloir éliminer les «bruits» macro ou micro, qui pourtant soutiennent pour une part son travail. La perspective d'intégration du micro et du macro suggérée par Aaron V. Cicourel tout à la fois reconnaît «l'autonomie relative de chaque niveau d'analyse» et s'efforce de prendre en compte «l'interaction des différents niveaux» (*ibid.*, p. 79). Pour ce faire, il avance une idée originale : «les membres d'un groupe ou d'une société ont créé leurs propres théories et méthodes pour accomplir cette intégration» entre micro et macro (*ibid.*, p. 65) et mettent alors en œuvre dans leurs activités quotidiennes «un sens de l'intégration micro-macro» (*ibid.*, p. 67). Ce travail des acteurs pour assurer des passages entre le micro et le macro peut alors être appréhendé utilement avec la notion de *résumé* (*summary*) ; les résumés étant des modes de traitement de l'information «qui transforment des micro-événements en macro-structures» (*ibid.*). Le médecin interprète et résume ainsi les informations singulières

12. «Notes on the Integration of Micro- and Macro-Levels of Analysis», in K. Knorr-Cetina and A.V. Cicourel (éds), *Advances in Social Theory and Methodology - Toward an Integration of Micro- and Macro-Sociologies* (avec également des textes de Pierre Bourdieu, M. Callon et B. Latour ou A. Giddens), Boston, Routledge and Kegan Paul, 1981, p. 53.

recueillies auprès de son patient, au cours d'interactions, en une histoire médicale utilisable par d'autres professionnels de la santé, qui sera alors considérée comme une donnée au sein des institutions médicales, agrégeable à d'autres données (par exemple dans des enquêtes d'épidémiologie). On peut voir à l'œuvre des processus similaires dans les institutions scolaires, à travers les résumés d'interactions que constituent les dossiers scolaires des élèves, rassemblés ensuite dans des bilans établissant les performances d'une même génération, servant eux-mêmes de données aux études de mobilité sociale.

Ces perspectives de recherche ont été critiquées, au sein du courant ethnométhodologique, par Emmanuel Schegloff[13]. D'un point de vue strictement micro-sociologique, ce dernier met en cause le double risque «d'introduire prématurément des liens avec les variables du macro» et de «sous-spécification du phénomène interactionnel» (*ibid.*, p. 19). Cela n'a pas empêché Aaron V. Cicourel de prolonger ses investigations sur *l'imbrication des contextes* dans les activités sociales, à travers la prise en compte notamment des dimensions interactionnelles, cognitives, linguistiques et institutionnelles. Ce qui constitue aussi une invitation au chercheur, afin qu'il intègre dans ses analyses le contexte même de l'enquête, dans un mouvement de réflexivité sociologique, pour mieux assurer *la validité contextuelle* (*ecological validity*) de ses données par rapport aux contextes ordinaires de la vie quotidienne. C'est en fonction de ces préoccupations qu'Aaron V. Cicourel mène depuis plusieurs années un débat avec Pierre Bourdieu, proposant, par exemple, une appropriation critique du concept d'*habitus*, prenant davantage en compte les aspects interactionnels, cognitifs et linguistiques[14].

13. «Entre micro et macro : contextes et relations», trad. franç., *Sociétés*, n° 14, mai-juin 1987.
14. Cf. «Aspects of Structural and Processual Theories of Knowledge», in C.J. Calhoun *et al.* (éds), *Bourdieu - A Critical Reader*, Cambridge, Polity Press, 1993.

3. La sociologie des sciences et des techniques de Michel Callon et Bruno Latour

Michel Callon, ingénieur de formation, et Bruno Latour, agrégé de philosophie, animent le Centre de sociologie de l'innovation (CSI) de l'École nationale supérieure des mines de Paris. Ils ont développé dans les années 1980 un nouveau cadre d'analyse à partir de tout un ensemble d'enquêtes empiriques sur les terrains scientifiques et techniques. Au départ, ils ont utilisé des ressources conceptuelles venant notamment de deux horizons : 1°) la philosophie des sciences, progressivement étendue à d'autres champs de préoccupations, travaillée par Michel Serres[15], auquel ils ont emprunté le concept de *traduction*, et 2°) *le programme fort en sociologie de la connaissance* initié par le philosophe-sociologue anglais David Bloor[16].

3.1 Le programme fort en sociologie des sciences de David Bloor

Les perspectives tracées par David Bloor ont servi de référence à toute une série de travaux sociologiques, anthropologiques ou économiques sur les sciences et les techniques, particulièrement dans le monde anglo-américain, qui s'expriment dans la revue *Social Studies of Science,* et dont Michel Callon et Bruno Latour représentent un développement original en France. Deux principes de ce programme fort ont particulièrement retenu l'attention[17] :

15. Pour une vue synthétique, voir *Éclaircissements*, entretiens avec B. Latour, Paris, François Bourin, 1992.
16. *Sociologie de la logique ou les limites de l'épistémologie*, trad. franç., Paris, Pandore, 1982 (1re éd. 1976).
17. *Sociologie de la logique*, *op. cit.*, p. 8.

– le principe d'*impartialité*, « vis-à-vis de la vérité ou de la fausseté, de la rationalité ou de l'irrationalité, du succès ou de l'échec » des constructions scientifiques étudiées ; on ne doit pas alors accorder un privilège, au départ de l'analyse d'une controverse scientifique, à celui qui est réputé l'avoir « gagnée » et avoir eu « raison » (d'où, par exemple, une impartialité vis-à-vis de Pasteur et de ses concurrents malheureux) ;
– et, dans son sillage, le principe de *symétrie*, signifiant que « les mêmes types de causes doivent expliquer les croyances "vraies" et les croyances "fausses" ».

Ces principes marquent un « relativisme méthodologique » *(ibid.*, p. 179), lié à l'objet de l'analyse (l'étude de connaissances qui se présentent comme « scientifiques », « vraies » et « rationnelles » s'opposant à d'autres stigmatisées comme « non scientifiques », « fausses » et « irrationnelles »), mais ne débouchent pas sur un relativisme absolu pour lequel la notion de *vérité* n'aurait plus de sens, David Bloor restant attaché à cette notion (*ibid.*, pp. 41-51).

3.2 La construction sociale des faits scientifiques

Le premier ouvrage de Bruno Latour a été coécrit avec une sociologue britannique, Steve Woolgar, et publié d'abord en langue anglaise en 1979[18]. Pendant deux ans, il a partagé la vie quotidienne des chercheurs du laboratoire de neuro-endocrinologie du professeur Roger Guillemin en Californie. L'analyse produite à partir de cette ethnographie de laboratoire, se situe sous les doubles auspices de David Bloor et de l'ethnométhodologie, décryptant les processus sociaux de construction des faits scientifiques.

Pour les auteurs, la construction sociale de la science inclut des facteurs, des dimensions et des niveaux fort hétérogènes que ne peuvent

18. *La Vie de laboratoire - La production des faits scientifiques*, trad. franç., Paris, La Découverte, 1988.

appréhender des visions épistémologiques qui prendraient comme des *données* la science, la vérité et la raison. Les notions d'*inscription littéraire* et d'*inscripteurs* leur fournissent un premier fil conducteur, car un laboratoire produit une large gamme de traces écrites (des graphes produits par les appareils jusqu'aux articles scientifiques) et son activité peut être justement envisagée comme une suite d'opérations de transformation de certains types d'énoncés en d'autres types d'énoncés aux degrés de *facticité* différents ; *le fait* étant un énoncé qui n'est plus contesté par les pairs-concurrents. Plus largement, la genèse historique d'un fait est jalonnée de controverses scientifiques, de stratégies diverses, de publications incluant des formes rhétoriques de persuasion, de liens établis avec des organismes financeurs ou de logiques de carrière, comme elle se façonne dans les activités quotidiennes au sein du laboratoire, par exemple dans les conversations informelles. La construction d'un fait scientifique ne renvoie donc pas seulement à un travail intellectuel et discursif, mais elle mobilise tout un ensemble d'autres pratiques ainsi que des techniques et des objets qui sont des *matérialisations* de débats antérieurs. Cette perspective ne conduit pas à mettre en doute la solidité du fait scientifique ainsi construit, mais les sociologues sont amenés à resituer les conditions sociales, les divers contextes et les dispositifs à travers lesquels ce fait prend forme, *est fait*, mais qui sont ensuite peu à peu oubliés une fois le fait admis.

3.3 Traduction, déplacements et réseaux

Dans le prolongement critique de ce premier travail, Michel Callon et Bruno Latour ont progressivement stabilisé un ensemble conceptuel, qui met à mal nombre de tendances classiques de la sociologie, comme le systémo-fonctionnalisme ou les oppositions reproduction/changement et micro/macro.

La notion de *traduction* est au cœur de leur dispositif théorique. Les acteurs (individuels et collectifs, humains et non humains) travaillent constamment à traduire leurs langages, leurs problèmes, leurs identités ou leurs intérêts dans ceux des autres. C'est à travers ce processus que le monde se construit et se déconstruit, se stabilise et se déstabilise. C'est pourquoi « l'identité des acteurs et leurs tailles respectives sont des enjeux permanents dans les controverses qui se développent[19] » et que l'on peut parler d'*entre-définition des acteurs*. Contre les rigidités sociologiques propres aux notions de « système » ou de « fonctions », Michel Callon et Bruno Latour nous invitent à *suivre les acteurs* dans leurs multiples activités de traduction (ou plus justement d'*intertraduction*), en dehors des frontières prédéfinies des « systèmes » et des « fonctions », redéfinissant même ces séparations. Dans cette perspective, *la liste des acteurs pertinents* (individus, groupes ou objets), comme leurs propriétés et les règles du jeu qu'ils jouent, ne sont jamais données une fois pour toutes. Les *chaînes de traduction* sont alors travaillées par différentes activités : des *stratégies* concurrentes, des confrontations dans des *épreuves de forces*, un travail de *mobilisation* et d'*enrôlement*, l'élaboration de *dispositifs d'intéressement* et de *points de passage obligés* afin de sceller des *alliances* et des *associations* entre acteurs et l'émergence de *porte-parole* de ces associations notamment.

Traduire, c'est alors *déplacer* : « déplacements de buts ou d'intérêts, ou encore déplacements de dispositifs, d'êtres humains, de larves ou d'inscriptions[20] ». Dans l'entre-définition des acteurs, il y a *interdéplacement*. Sortant du schéma binaire reproduction/changement, la notion de *déplacement* permet d'envisager tout une palette de pratiques quotidiennes qui font plus ou moins bouger des états du monde plus ou moins stabilisés.

La notion de *réseau* vise à appréhender la stabilisation, jamais définitive et toujours en travail, des relations entre des humains et des objets.

---

19. M. Callon, « Éléments pour une sociologie de la traduction - La domestication des coquilles Saint-Jacques et des marins-pêcheurs dans la baie de Saint-Brieuc », *L'Année sociologique*, n° 36, 1986, p. 174.
20. M. Callon, *ibid.*, p .203.

Mais la stabilisation des formes de la vie sociale doit davantage être considérée comme un point d'arrivée que comme un point de départ de l'analyse. Il s'agit de rouvrir les *boîtes noires* (ce qui va de soi et n'est plus interrogé, comme un fait scientifique, une technique, une procédure ou une institution) fermées par les acteurs. Le réseau est le résultat plus ou moins solidifié de processus de traduction et d'un accrochage de boîtes noires ; «le mot indique que les ressources sont toutes concentrées en quelques lieux — les nœuds — mais que ces nœuds sont reliés les uns aux autres par des mailles ; grâce à ces connexions, les quelques ressources dispersées deviennent un filet qui semble s'étendre partout[21]». Ce sont *les réseaux sociotechniques* — associant justement des ressources rangées habituellement sous les étiquettes «sociales», «économiques», «scientifiques» ou «techniques» — qui ont particulièrement mobilisé leur attention[22]. Le réseau suppose un travail préalable de *mise en équivalence* de ressources hétérogènes, les rendant commensurables et leur permettant de fonctionner ensemble. La solidité des alliances constitutives des réseaux semble dépendre surtout du *nombre* d'alliés mobilisés et d'associations réalisées[23]. Les notions de traduction et de réseau offrent alors une voie pour sortir de l'opposition macro/micro, en mettant en évidence des processus par lesquels des *micro-acteurs* structurent, en globalisant et en instrumentant leur action, des *macro-acteurs* ou, inversement, par lesquels des entités sont déconstruites et localisées[24].

Cet univers conceptuel prend appui sur une systématisation des principes d'impartialité et de symétrie de David Bloor. Avec *le principe de symétrie généralisée* propre à *une anthropologie symétrique*, on ne traite pas uniquement de la même manière la vérité et l'erreur, les vainqueurs et

21. B. Latour, *La Science en action*, trad. franç., Paris, La Découverte (1re éd. américaine, 1987), 1989, p. 290 .
22. M. Callon (éd.), *La Science et ses réseaux*, Paris, La Découverte, 1988.
23. B. Latour, *La Science en...*, *op. cit.*, pp. 92-96, 223-230 et 262-286.
24. Voir notamment B. Latour, «Une sociologie sans objet ?», *Sociologie du travail*, n° 4, 1994.

les vaincus de l'histoire des sciences, mais également la société et la nature, les humains et les non humains ; l'objet de l'investigation n'étant plus la construction sociale, comme chez David Bloor, mais *la socio-nature*. On observe également, par moments, une tendance à la dissolution de la notion de vérité scientifique. Ainsi, B. Latour réduit parfois la science à des «rapports de force», en niant l'existence de «rapports de raison[25]». Michel Callon[26], quant à lui, peut affirmer qu'aucune explication sociologique n'est plus ou moins «valide» qu'une autre, et que ce sont les capacités de «conviction» mises en œuvre qui font la différence.

L'imagination sociologique déployée et les travaux empiriques produits ont eu quelques effets dans les sciences sociales. Par exemple, dans le domaine de la science politique, la sociologie de la traduction a constitué une ressource pour Paul Bacot dans l'élaboration d'une approche originale de *la politisation*, entendue comme *élargissement de la conflictualité*[27]. Par ailleurs, la confrontation avec les écrits de Michel Callon et Bruno Latour paraît avoir procuré davantage de flexibilité et un caractère plus constructiviste à la sociologie des organisations d'Erhard Friedberg[28], malgré les rigidités liées au maintien d'un vocabulaire systémo-fonctionnaliste dans le sillage des travaux de Michel Crozier. Mais la nouvelle sociologie des sciences n'a pas échappé à des réactions plus négatives.

3.4 Interrogations

Ce sont les positions épistémologiques de Michel Callon et Bruno Latour (leur rapport tendanciellement relativiste à la notion de vérité scientifique) qui ont suscité les critiques les plus acérées et qui constituent vraisembla-

25. *Les Microbes*, Paris, Métailié, 1984, p. 11.
26. M. Callon, «Éléments pour…», *art. cit.*, p. 176.
27. Cf. notamment «L'affaire Claude Bernard», dans J. Michel (éd.), *La Nécessité de Claude Bernard*, Paris, Méridiens-Klincksieck, 1991.
28. *Le Pouvoir et la Règle*, Paris, Seuil, 1993.

blement l'un des points les plus fragiles de leurs travaux. Signalons ainsi la façon dont François André Isambert a mis en cause la dimension autoréfutante des tentations relativistes dans le cas d'une *science* sociale rendant compte d'autres *sciences* : «Bruno Latour ne peut faire appel à la raison qu'il a répudiée[29].» Les choses sont sans doute un peu plus complexes, et on doit plutôt noter une hésitation (variable selon les moments), dans les travaux de Michel Callon et Bruno Latour, entre *une épistémologie relativiste* (qui ne ferait plus de la notion de vérité scientifique un horizon régulateur de l'ensemble des pratiques scientifiques, et donc aussi de leur propre activité de recherche) et *un relativisme strictement méthodologique* (se contentant de mettre entre parenthèses la question de la vérité uniquement en ce qui concerne le domaine scientifique pris pour objet de leur analyse sociologique).

Au carrefour de questions épistémologiques et théoriques, certains, comme Benjamin Matalon, ont reproché à ce type de travaux de passer à côté de la spécificité de la science, dans le refus de distinguer les aspects sociaux et les aspects cognitifs[30]. Il est clair qu'au travers des analyses de Michel Callon et Bruno Latour, les univers scientifiques apparaissent comme des univers *comme* les autres, peut-être trop comme les autres. Des approches différentes, celle de Pierre Bourdieu en particulier, ont avancé que si *le champ scientifique* possède des caractéristiques communes avec les autres champs sociaux (luttes concurrentielles, stratégies, logiques de carrière, mécanismes de capitalisation et de domination, etc.), il manifeste aussi l'autonomie et la spécificité d'«un jeu social où l'idée vraie est dotée de force» ; ce qui rendrait possible «l'apparition de ces produits sociaux relativement indépendants de leurs conditions sociales de production que sont les vérités scientifiques[31]».

---

29. «Un "programme fort" en sociologie de la science ?», *Revue française de sociologie*, vol. 26, n° 3, juil.-sept. 1985, p. 502.
30. «Sociologie de la science et relativisme», *Revue de synthèse*, 4e série, n° 3, juil.-sept. 1986.
31. «Le champ scientifique», *Actes de la recherche en sciences sociales*, n° 2-3, juin 1976, p. 88 et p. 97.

Des questions se posent également quant à d'autres éléments théoriques proposés par Michel Callon et Bruno Latour. Ainsi, Francis Chateauraynaud a pointé le caractère réducteur d'une lecture de la solidité et de la stabilité des liens sociaux à travers simplement *le nombre* des ressources emmagasinées[32]. On peut également se demander si le souci méthodologique de n'étudier la stabilisation du monde qu'*après*, comme résultat des processus analysés (rouvrir les boîtes noires), n'empêche pas de saisir ce que ces processus doivent *avant* à des formes de *préstabilisation* de la réalité (dans les têtes et dans les choses). Or, on ne peut pas rouvrir toutes les *boîtes noires* (dans le temps et dans l'espace) en même temps. Erhard Friedberg critique, quant à lui, l'indistinction opérée entre acteurs humains et non humains, qui ne permet pas de rendre compte des spécificités des comportements humains[33]. D'ailleurs, la distinction humains/non humains comme la définition même de l'humanité ne sont vraisemblablement pas identiques en toute situation, comme l'a mis en évidence Francis Chateauraynaud[34]. On doit noter encore que l'ambition de traiter *de la même manière* le pôle humains-société et le pôle objets-nature tend à renvoyer aux oubliettes les apports des courants compréhensifs des sciences sociales (dont Weber et Schütz), qui ont justement essayé de tirer les conséquences d'un double constat : 1°) que se déploie à l'intérieur du pôle humains-société une activité symbolique contribuant à constituer la réalité de ce pôle et ses rapports avec le pôle objets-nature, et 2°) que les sociologues se situent à l'intérieur du pôle humains-société (ils ne sont pas, de ce point de vue, à égale distance des marins-pêcheurs et des coquilles Saint-Jacques qu'ils étudient).

32. «Forces et faiblesses de la nouvelle anthropologie des sciences», *Critique*, n° 529-530, juin-juil. 1991, pp. 465-466.
33. *Le Pouvoir et…*, *op. cit.*, pp. 202-210.
34. *La Faute professionnelle*, Paris, Métailié, 1991, pp.172-173 et 305-327.

4. Jon Elster, les limites de la rationalité individualiste et le ciment de la société

Né en Norvège en 1940, Jon Elster est professeur de science politique et de philosophie à l'université de Chicago. Il a préparé à Paris, sous la direction de Raymond Aron (1905-1983), une thèse sur Marx achevée en 1971, participant ensuite à la formation de ce qu'aux États-Unis on a appelé dans les années 1980 «le marxisme analytique», regroupant un ensemble d'auteurs ayant recours aux outils de l'individualisme méthodologique pour lire Marx[35]. Il est alors apparu *aux marges du paradigme individualiste et de la théorie du choix rationnel* (*rational-choice theory*) qui lui est associée. C'est ainsi qu'il a travaillé sur les limites de la rationalité[36]. Ses recherches ont la particularité d'avoir une forte composante théorique, les exemples traités étant assez souvent soit des cas typiques de la vie ordinaire imaginés et simplifiés par le chercheur (dans la tradition de la philosophie analytique anglo-américaine), soit des matériaux issus de travaux d'autres auteurs et traités par une analyse secondaire.

Dans *The Cement of Society*[37], il va plus loin dans l'investigation des limites d'une rationalité individualiste en sciences sociales. Les outils livrés par une théorie du choix rationnel, centrée sur la quête de leur intérêt rationnel et personnel (*rational self-interest*) par les individus, sont apparus insuffisants à Jon Elster pour traiter la question de la possibilité de l'ordre social, sous le double angle de la coordination d'attentes stabilisées entre les différents acteurs et de l'existence de formes de coopération. Il a alors cherché des ressources complémentaires du côté d'*une théorie des*

35. Cf. J. Elster, *Karl Marx - Une interprétation analytique*, trad. franç., Paris, PUF, 1989 (1re éd. 1985).
36. *Le Laboureur et ses enfants - Deux essais sur les limites de la rationalité*, trad. franç., Paris, Minuit, 1987 (essais tirés de *Ulysses and the Sirens*, 1979, et *Sour Grapes*, 1983).
37. Sous-titré *A Study of Social Order*, Cambridge, Cambridge University Press, 1989.

normes sociales, car «les normes sociales fournissent une importante catégorie de motivation pour l'action, qui est irréductible à la rationalité ou à toute autre forme de mécanisme d'optimisation» (*ibid.*, p. 15). Les normes sociales sont des modes de comportement, collectivement partagés, s'imposant comme des impératifs à suivre, selon une logique largement mécanique, parfois inconsciente, exerçant une sorte «de prise sur l'esprit due aux fortes émotions que leurs violations peuvent déclencher» (*ibid.*, pp. 98-100). Jon Elster envisage alors toute une série de normes sociales qui pourraient être retenues comme des déterminants pertinents de certaines activités : normes de consommation, normes de réciprocité, codes d'honneur, normes de châtiment, normes de coopération, normes de distribution, etc. Ces normes ne sont pas exclusives les unes des autres ; chaque individu peut d'ailleurs à un même moment «croire en diverses normes qui peuvent avoir des implications contradictoires pour la situation en question» (*ibid.*, p. 129). Les exemples analysés dans le livre concernent des problèmes d'action collective et de négociation sociale. Trois grands cas de figure se présentent alors : 1°) certains comportements sont explicables simplement à partir de calculs individuels d'optimisation de sa situation, 2°) des comportements différents sont mieux appréhendées grâce à la notion de normes sociales, et 3°) d'autres actions relèveraient davantage de *motivations mixtes*, combinant dans des figures et des dynamiques multiples rationalité individuelle et normes sociales.

Le projet de Jon Elster semble hésiter entre deux voies :
– la première, identifiant la nécessité de dépasser les antinomies classiques des sciences sociales, resterait toutefois au seuil de l'enjeu que constitue l'analyse des processus de *coproduction* en se contentant de proposer deux éclairages complémentaires (choix rationnel/normes sociales) mais non articulés ;
– la seconde s'engage plus avant dans l'étude de la coproduction en cherchant à penser des interrelations (particulièrement dans le cas des motivations mixtes).

D'autres auteurs, au départ d'orientation plutôt individualiste, ont tenté de sortir de certaines des limites de ce cadre théorique. On doit tout d'abord citer un classique des sciences sociales, redécouvert en France dans les années 1980, le sociologue allemand Georg Simmel (1858-1918). S'il considérait que «les formes sociales» émergeaient «des actions individuelles», il notait qu'«une fois constituées, elles agissent sur l'individu»[38]. C'est aussi le cas de Thomas Schelling dans une recherche sur les rapports micro/macro[39]. Il avance ainsi que «dans ces situations où le comportement ou le choix des gens dépendent du comportement ou du choix d'autres gens, il n'est pas habituellement possible de passer aux agrégats par simple addition ou extrapolation. Pour établir ce lien, il nous faut habituellement considérer le *système d'interaction* entre les individus et leur environnement, c'est-à-dire entre les individus et d'autres individus, ou entre les individus et la collectivité» *(ibid.*, p. 20). Le piège n'est alors pas seulement du côté d'un holisme («à partir des observations relatives aux agrégats, de tirer des conclusions hâtives quant aux intentions des individus»), mais aussi du côté d'un individualisme borné (à partir «des intentions individuelles, de tirer des conclusions hâtives quant au comportement des agrégats») (*ibid.*).

38. *Les Problèmes de la philosophie de l'histoire*, trad. franç., introduction de R. Boudon, Paris, PUF, 1984 (1re éd. 1892), pp. 75-76.
39. *La Tyrannie des petites décisions* (*Micromotives and Macrobehavior*, 1978), trad. franç., Paris, PUF, 1980.

4

CONSTRUCTION DES GROUPES ET CATÉGORISATION SOCIALE

Le Petit Robert donne notamment deux définitions du mot *construction* : 1°) «faire un objet complexe» (avec comme exemples «construire un navire, des automobiles, des machines»), et 2°) «Faire exister (un système complexe) en organisant des éléments mentaux» (avec comme exemples «construire un roman, un poème, une pièce de théâtre»)[1]. Justement, *la construction sociale de la réalité* associe deux processus : 1°) un mouvement de matérialisation, d'objectivation et d'institutionnalisation, et 2°) un travail mental de perception, de représentation et de typification. Cette articulation est particulièrement nette dans le cas des *classes sociales*, où l'existence des groupes sociaux n'est pas sans liens avec des opérations cognitives de *classification* et de *catégorisation*. Or, pendant longtemps, les deux ordres de questions ont plutôt été pensés séparément. Des sociologues s'interrogeaient sur les classes sociales (Qu'est-ce qu'une classe sociale ? La classe ouvrière existe-t-elle ? À quelle classe appartient tel individu?, etc.), alors que des logiciens, des statisticiens ou des psychologues s'intéressaient aux opérations et aux outils (savants ou ordinaires) de classification. Ce n'est que dans les années 1980 qu'en France, des passages ont été plus systématiquement effectués entre les deux domaines. Dans les deux cas, l'histoire a beaucoup été sollicitée, afin d'apporter de nouveaux éclairages sur ces objets. Par ailleurs, à la différence des débats antérieurs, ces nouvelles perspectives n'opèrent plus de distinctions «de nature» entre les notions de «classe sociale», de «groupe social» ou de «catégorie sociale».

1. Paris, 12e édition, 1973, p. 337.

1. Un ouvrage de référence : *La Formation de la classe ouvrière anglaise* d'Edward P. Thompson

Les «marxismes» ont souvent contribué à donner une vision tendanciellement objectiviste et économiste des classes sociales ; celles-ci existant «objectivement», car inscrites dans «l'infrastructure économique» de la société («état des forces productives», «rapports de production» et/ou «division du travail») ; même si, dans les versions les moins mécanistes, cette «détermination» ne s'exerçait «qu'en dernière instance» et si «la superstructure idéologique et politique» avait des effets en retour sur «la base matérielle». Armé des outils de l'histoire sociale, l'historien britannique Edward P. Thompson (1924-1993) a, au sein d'un horizon qui se voulait encore «marxiste», essayé de renverser cette perspective, dans son livre désormais classique sur *La Formation de la classe ouvrière anglaise (The Making of the English Working Class)*[2] datant de 1963. Il a constitué alors un point de référence important dans l'élaboration de nouvelles recherches sur les classes sociales.

1.1 La classe comme formation socio-historique

On vise seulement ici à souligner les grands traits de l'approche des classes propre à une recherche historique de grande ampleur, centrée sur les années 1780-1840.

Pour Edward P. Thompson, la classe est «une formation sociale et culturelle» résultant d'un processus historique (*ibid.*, pp. 15 et 771). C'est d'abord contre «une certaine orthodoxie marxiste», «selon laquelle la classe ouvrière est née en quelque sorte par un processus de génération spontanée déclenchée par les nouvelles forces productives et les nouveaux

2. Trad. franç., présentation de M. Abensour, Paris, EHESS-Gallimard-Seuil, 1988.

rapports de production», que cette conception s'est affirmée (*ibid.* p. 11). À l'inverse, «le mot "formation" (*making*) indique que l'objet de cette étude est un processus actif, mis en œuvre par des agents tout autant que par des conditions. La classe ouvrière (...) a été partie prenante de sa propre formation» (*ibid.* p. 13). Un «processus d'*autodéfinition*» (*ibid.*, p. 771) contribue donc à la construction de la classe ouvrière anglaise. Cette construction apparaît alors comme un mouvement d'*unification*, au carrefour d'éléments objectifs et de représentations subjectives : «J'entends par classe un phénomène historique, unifiant des événements disparates et sans lien apparent, tant dans l'objectivité de l'expérience que dans la conscience» (*ibid.*, p. 13). La formation de la classe se nourrit tout particulièrement de *l'expérience collective*, dans le travail, mais aussi dans la famille, les relations de voisinage ou la religion. Par ailleurs, la classe ne se définit pas isolément mais *relationnellement*, «dans ses relations avec les autres classes» (*ibid.*, p. 771). La classe est «un rapport non une chose» (*ibid.*, p. 14). Pour synthétiser, c'est donc en prenant appui sur des expériences collectives et dans l'opposition à d'autres groupes que, à travers un processus d'unification, des *intérêts communs* vont apparaître : «On peut parler de classe lorsque des hommes, à la suite d'expériences communes (qu'ils partagent ou qui appartiennent à leur héritage), perçoivent et articulent leurs intérêts en commun, par opposition à d'autres hommes dont les intérêts diffèrent des leurs (et en général s'y opposent)»(*ibid.*, p. 13). La *conscience de classe*, identifiée comme la manière dont les expériences collectives «se traduisent en termes culturels et s'incarnent dans des traditions, des systèmes de valeurs et des formes institutionnelles»(*ibid.*), constitue alors une dimension importante, bien que non exclusive, de la production de la classe. Avec la notion de conscience de classe sont donc prises en compte *les formes institutionnelles* ; ce qui relativise la séparation classique en histoire sociale entre «la classe ouvrière» (qui serait une «donnée objective») et «le Mouvement ouvrier» (qui serait son «expression organisée»).

L'ouvrage d'Edward P. Thompson est également, d'un point de vue méthodologique, une invitation à nous écarter d'une reconstitution du passé trop guidée par les résultats présents du travail de l'histoire, c'est-à-dire d'une façon de «lire l'histoire à la lumière des préoccupations ultérieures et non comme elle s'est déroulée», ce qui conduirait à retenir uniquement «ceux qui ont réussi, c'est-à-dire dont les aspirations anticipaient l'évolution ultérieure» et à oublier «les impasses, les causes perdues, jusqu'aux perdants eux-mêmes» dans une vision évolutionniste de l'historicité (*ibid.*, p. 16). D'où l'importance qu'il a accordée à des groupes d'artisans, qui ne correspondaient pas à la figure des ouvriers d'usine qui a prédominé bien plus tard.

1.2 Développements et débats

Les préoccupations constructivistes d'Edward P. Thompson, en rupture avec diverses formes d'économisme ou de déterminisme technologique, ont été particulièrement discutées et prolongées dans le monde anglo-américain (on se contentera d'indiquer ici la revue historique britannique *Past and Present* et le nom d'Eric Hobsbawm ou la sociologie de l'Américain Charles Tilly).

Certaines limites du travail pionnier d'Edward P. Thompson ont également été pointées, ce qui a conduit à des déplacements théoriques. Il faut d'abord mentionner ce qui a été appelé le «tournant linguistique» (*linguistic turn*) des années 1980 chez les historiens anglo-américains, et dont deux des figures importantes sont le Britannique Gareth Stedman Jones et l'Américain William H. Sewell. Cette réorientation tient notamment compte du fait que, par exemple, les notions mêmes de «classe» ou d'«intérêt commun» font l'objet d'un travail discursif de la part des acteurs, contribuant ainsi à les faire exister. Plus largement, avec cette galaxie d'historiens, on est proche d'une hypothèse du type de celle formulée récemment par le sociologue Bernard Lahire, selon laquelle les pratiques sociales dans leur ensemble sont «toujours-déjà tramées par des pratiques langagières[3]» ; ce qui ne signifie pas que tout ne soit *que*

3. «Sociologie des pratiques d'écriture», *Ethnologie française*, vol. 20, n° 3, 1990, p. 265.

discursif. Gareth Stedman Jones a alors proposé de traiter la classe plus comme «une réalité discursive» que substantielle[4]. Ce faisant, il rejoint les analyses philosophiques de Paul Ricœur sur les procédés de *mise en récit* du monde (entendue comme «synthèse de l'hétérogène») et l'élaboration d'*identités narratives* (pour les personnes, les groupes ou les institutions)[5]. Par ailleurs, il a aussi orienté son regard vers «le niveau du discours de tous les jours (*every day speech*)» dans la construction de la classe (*ibid.*, p. 2), convergeant ainsi avec les suggestions du sociolinguiste de l'interaction John Gumperz quand ce dernier écrit : «Nous avons l'habitude de considérer le sexe, l'ethnicité et la classe sociale comme des paramètres donnés et comme des limites à l'intérieur desquelles nous produisons nos identités sociales. L'étude du langage comme discours interactionnel montre que ces paramètres ne sont pas des constantes allant de soi, mais sont produits dans un processus de communication[6].» William H. Sewell, se référant à l'anthropologie culturelle, a cherché à appréhender des formes sociales d'objectivation ne se limitant pas aux formes discursives proprement dites à partir toutefois d'une extension analogique de la notion de «langage du travail» : «non seulement les propos tenus par les ouvriers ou les discours théoriques sur le travail, mais également l'ensemble des arrangements institutionnels, des gestes rituels, des méthodes de travail, des formes de lutte, des coutumes et des actions qui confèrent une forme intelligible au monde ouvrier[7]». Mais le risque, si ces approches se présentaient comme englobantes et non comme un approfondissement de l'analyse de certains aspects de la réalité sociale, serait de réduire la formation du monde social à son niveau

4. *Languages of Class - Studies in English Working Class History, 1832-1982*, Cambridge, Cambridge University Press, 1983, p. 8.
5. Voir *Temps et récit*, Paris, Seuil, coll. «Points», en particulier l'avant-propos (pp. 9-14) et le chapitre 3 (pp. 105-162) du tome 1 (*L'Intrigue et le récit historique*, 1983) et une partie des conclusions (pp. 439-448) du tome 3 (*Le Temps raconté*, 1985).
6. *Engager la conversation*, trad. franç., Paris, Minuit, 1989.
7. *Gens de métier et révolutions - Le langage du travail de l'Ancien Régime à 1848*, trad. franç., Paris, Aubier-Montaigne, 1983 (1re éd. 1980), p. 30.

discursif, plus ou moins analogiquement étendu. On peut toutefois essayer d'insérer les dimensions cognitives, discursives et/ou interactionnelles de la formation des groupes sociaux dans des processus sociaux d'objectivation plus larges. C'est le cas quand sont pris pour objets les modes d'institutionnalisation de catégories de perception et d'action, parties prenantes de la construction de la classe ouvrière française, comme par exemple les divisions catégorielles et professionnelles dans leurs rapports avec la notion de classe[8], le «marxisme[9]», l'«anarcho-syndicalisme» et le «syndicalisme révolutionnaire[10]» ou la distinction du «syndical» et du «politique[11]».

D'autre part, la critique historiographique *féministe*, en particulier celle de Joan Scott[12], a mis l'accent sur la coloration fortement masculine de la construction des classes ouvrières, peu perçue par Edward P. Thompson et même redoublée dans son écriture considérée elle-même comme très masculine. Enfin, notons, avec Yannick Le Marec, l'importance des échanges entre les élites ouvrières et d'autres élites intellectuelles et politiques dans la formation de la classe ouvrière anglaise, «que n'a pas voulu apprécier Thompson, trop attentif à justifier l'élaboration interne de la conscience de classe[13]» ; une approche trop internaliste de la construction de la classe ne

8. Voir l'article pionnier de Denis Segrestin : «Du syndicalisme de métier au syndicalisme de classe : pour une sociologie de la CGT», *Sociologie du travail*, vol. 17, n° 2, avril-juin 1975, et plus récemment P. Corcuff : «Le catégoriel, le professionnel et la classe - Usages contemporains de formes historiques», *Genèses*, n° 3, mars 1991.

9. Marie Ymonet, «Les héritiers du Capital - L'invention du marxisme en France au lendemain de la Commune», *Actes de la recherche en sciences sociales*, n° 55, nov. 1984.

10. Daniel Colson, *Anarcho-syndicalisme et communisme - Saint-Étienne, 1920-1925*, préface de P. Ansart, Saint-Étienne, Université de Saint-Etienne-CEF-ACL, 1986.

11. Denis Barbet, «Retour sur la loi de 1884 - La production des frontières du syndical et du politique», *Genèses*, n° 3, mars 1991.

12. *Gender and the Politics of History*, New York, Columbia University Press, 1988.

13. «Relire Thompson - *La Formation de la classe ouvrière anglaise*, trente ans après», *Actes de la recherche en sciences sociales*, n° 100, déc. 1993, p. 79.

pouvant d'ailleurs pas prendre en compte le fait que la séparation même interne/externe est un des enjeux et un des produits des processus étudiés.

2. Luc Boltanski et l'objectivation des groupes

Luc Boltanski, dans *Les Cadres - La Formation d'un groupe social*[14], puis dans un travail sur «La dénonciation[15]», prolonge et systématise une approche constructiviste des groupes sociaux. Au départ, il puise notamment des éléments dans la sociologie de Pierre Bourdieu, avec qui il travaille à l'époque, mais en les inscrivant de plus en plus radicalement dans un cadre constructiviste. Ces emprunts à Pierre Bourdieu concernent tant la réflexion sur *les luttes de classements sociaux* (c'est-à-dire les luttes symboliques autour de la définition des classes, de leurs frontières, de leurs positions respectives les unes par rapport aux autres ou de la place qu'y occupent les différents individus) dans la société française contemporaine, que la contribution des mécanismes de représentation politique (l'émergence de porte-parole) à l'existence des groupes.

2.1 De la critique du substantialisme à l'histoire d'un groupe social : le cas des cadres en France

L'approche proposée par Luc Boltanski s'écarte des problématisations classiques des groupes sociaux (du type : Comment définir le groupe «cadres» ? Qui est cadre ? Combien y a-t-il de cadres ?, etc.), qui partent en général de l'évidence de l'existence du groupe *comme une chose* bien délimitée et délimitable, enracinée dans l'ordre de l'économie et/ou de la technique. Prenant au sérieux les conseils de Wittgenstein, il s'efforce de s'émanciper de ce *substantialisme* («la recherche d'une substance qui

14. Paris, Minuit, 1982.
15. En collaboration avec Y. Darré et M.-A. Schiltz, *Actes de la recherche en sciences sociales*, n° 51, mars 1984.

réponde à un substantif»), dans le cas d'un groupe «cadres» qui constitue une spécificité française. Il ne s'agit certes pas de nier l'existence d'un groupe comme «les cadres» qui se donne à voir comme tel dans des discours et des institutions («de quelle science souveraine pourrait-on bien s'autoriser de contester la "réalité" d'un principe d'identité auquel les agents sociaux accordent leur croyance ?», demande Luc Boltanski), mais de prendre en compte «les difficultés quasi insurmontables auxquelles se heurte le travail de définition et l'établissement de critères "objectifs"[16]», et donc d'appréhender autrement que sur un mode objectiviste la réalité de ce groupe. Il a alors recours à l'histoire qui va permettre de *dé-naturaliser* l'existence du groupe «cadres», qui nous paraît si «naturelle» aujourd'hui, et d'appréhender le processus socio-historique de sa *naturalisation* : «Pour sortir du cercle où s'enferment les débats sans fin et sans solution sur la "position de classe" des cadres, il faut commencer par renoncer à donner une "définition préalable" du groupe et prendre pour objet la conjoncture historique dans laquelle les cadres se sont formés en groupe explicite, doté d'un nom, d'organisations, de porte-parole, de systèmes de représentations et de valeurs» (*ibid.*, p. 51). Comment ? «En interrogeant *le travail de regroupement*, d'inclusion et d'exclusion, dont il est le produit, et en analysant *le travail social de définition et de délimitation* qui a accompagné la formation du groupe et qui a contribué, en l'objectivant, à le faire être sur le mode du cela-va-de-soi» (*ibid.*, p. 52). On n'a donc pas un groupe «objectif», mais *objectivé*. Le groupe «cadres» renvoyant aujourd'hui à un ensemble d'individus dissemblables sur tout un ensemble de plans (itinéraires sociaux et scolaires, types de fonctions dans l'entreprise, etc.), l'accent est mis sur la double dimension *symbolique* (un travail collectif et conflictuel de définition et de délimitation du groupe) et *politique* (d'institutionnalisation du groupe à travers des porte-parole, syndicaux et politiques notamment) du mouvement de son *homogénéisation relative*, de la production socio-

16. *Les Cadres*, *op. cit.*, p. 49.

historique de «La cohésion d'un ensemble flou» (titre de la conclusion), dans la période allant des années 1930 aux années 1960. Cette étude, historiquement et empiriquement étayée, centrée sur un groupe social particulier, nous invite à envisager plus largement les classes sociales comme les produits d'une dialectique historique entre des *hétérogénéités* préconstituées et reconstituées et des formes symboliques et institutionnelles d'*unification*.

À la suite des *Cadres,* Pierre Bourdieu lui-même a approfondi sa conception des classes dans un sens plus constructiviste[17]. Il propose notamment d'introduire une distinction entre *la classe probable*, «classe théorique» ou «classe sur le papier» visant «des ensembles d'agents occupant des positions semblables qui, placés dans des conditions semblables et soumis à des conditionnements semblables, ont toutes les chances d'avoir des dispositions et des intérêts semblables, donc de produire des pratiques et des prises de positions semblables» (*ibid.*, p. 4), et *la classe mobilisée*, classe «actuelle» ou «réelle», dotée de porte-parole, d'institutions et de représentations communes. À la différence de la séparation classique au sein de la tradition «marxiste» entre «classe en soi» (objective) et «classe pour soi» (subjective), le passage de la première à la seconde n'est pas inéluctable. Ainsi «le rapprochement des plus proches n'est jamais nécessaire, fatal (du fait que les effets de concurrence immédiate peuvent faire écran) et le rapprochement des plus éloignés n'est jamais impossible : si l'on a plus de chances de mobiliser dans le même groupe réel l'ensemble des ouvriers que l'ensemble des patrons et des ouvriers, on peut, à la faveur d'une crise internationale par exemple, provoquer un rassemblement sur la base de liens d'identité nationale» (*ibid.*). On est plus proche de certaines suggestions fines de Marx lui-même sur «les paysans parcellaires», qui pourraient être considérés comme une classe de par, notamment, la similitude des «conditions

17. «Espace social et genèse des "classes"», *Actes de la recherche en sciences sociales*, n° 52-53, juin 1984.

économiques», mais qui n'en constitueraient pas une du fait d'une absence de «liaison nationale» et d'«organisation politique»[18].

2.2 Dénonciations et construction des groupes

Dans «La dénonciation», Luc Boltanski entreprend d'interroger la séparation entre l'action individuelle et l'action collective, en analysant un ensemble de lettres de protestation, allant des plus «individuelles» aux plus «collectives», reçues par le journal *Le Monde.* Contre la dichotomie individuel/collectif, le corpus de lettres va justement se distribuer sur *un continuum* allant du particulier au général, des individus singuliers aux personnes collectives, et par exemple du ragot à l'action politique. Dans ce que l'on appelle couramment des *affaires*, dont l'«affaire Dreyfus» apparaît comme un cas paradigmatique, des déplacements sont opérés entre le cas particulier et l'intérêt général, le singulier et le collectif, ce qui contribue à faire et à défaire des groupes. Quand des mobilisations se développent autour de *causes*, à partir de la dénonciation d'une injustice, des *technologies sociales* pré-constituées (comme des modes d'action collective, des techniques juridiques, des procédés de *dé-singularisation*, etc.) sont «mises en œuvre pour constituer des personnes collectives objectivées et pour rattacher les personnes individuelles aux personnes collectives[19]». On bâtit ainsi des *équivalences* entre des personnes afin de faire émerger un *intérêt commun.* L'activité du délégué syndical, dans cette perspective, consiste dans une large mesure «à sélectionner dans la multitude des litiges quotidiens les conflits qui peuvent être portés à l'ordre de la revendication collective et, indissociablement, à transformer par un travail de stylisation, de mobilisation et de formation (...) des conflits personnels dans lesquels les acteurs s'engagent seuls et tout entiers avec toutes leurs propriétés, leurs investissements et leurs intérêts

18. *Le 18 Brumaire de Louis Bonaparte* (1re éd. 1852), *op. cit.*, p. 127.
19. «La dénonciation», *art. cit.,* p. 4.

polymorphes (...) en conflits catégoriels» (*ibid.*, p. 16). Dans ce cadre, la qualification même de l'action comme «collective» ou «individuelle» est tout à la fois un des enjeux et un des produits des processus de collectivisation/singularisation étudiés.

Cet article de Luc Boltanski puise des ressources dans différents travaux antérieurs. On peut ainsi indiquer, dans le champ américain, les recherches de William L. F. Felstiner, Richard L. Abel et Austin Sarat sur l'émergence et la transformation des litiges[20]. Autour de thèmes économiques, il y a les analyses de Laurent Thévenot sur les instruments de mise en forme de la réalité, avec la notion d'*investissement de forme*, définie comme «l'établissement, coûteux, d'une relation stable, pour une certaine durée[21]» ; analyses qui rejoignent par certains côtés les investigations plus classiques de Simmel sur «la continuité des êtres collectifs[22]».

3. La catégorisation sociale

Parallèlement, et en relation avec de nouvelles façons d'envisager les groupes sociaux, l'activité cognitive et institutionnelle de catégorisation et de classification sociale a fait l'objet d'investigations au cours des années 1980.

3.1 Actualité de l'héritage durkheimien : Mary Douglas

Un aspect du travail de Durkheim est l'étude des représentations collectives et plus particulièrement des formes de classification. Ainsi, dans un article

20. «L'émergence et la transformation des litiges : réaliser, reprocher, réclamer...» (1re éd. 1980-1981), trad. franç., *Politix*, n° 16, 4e trimestre 1991.
21. «Les investissements de forme», *Cahiers du CEE*, n° 29, 1986 (une 1re version, citée par L. Boltanski, date de 1983), p. 26.
22. «Comment les formes sociales se maintiennent» (1re éd. 1896-1897), dans *Sociologie et épistémologie*, trad. franç., Paris, PUF, 1981, p. 175.

écrit avec Marcel Mauss[23] (considéré comme un des «fondateurs» de l'anthropologie française), est esquissée une histoire des catégories de la logique leur attribuant une origine sociale. Selon ces auteurs, dans les sociétés dites «primitives», les premières formes de classification utilisées «sont organisées sur un modèle qui est fourni par la société», toutefois, «une fois que cette organisation de la mentalité collective existe, elle est susceptible de réagir sur sa cause et de contribuer à la modifier» (*ibid.*, p. 184).

L'anthropologue britannique Mary Douglas a réactivé cette dimension de la tradition durkheimienne en s'intéressant aux relations entre les actions individuelles, les formes collectives de classification et les institutions sociales[24]. Le propos de Mary Douglas est d'abord orienté contre l'individualisme des théoriciens du choix rationnel, qui interprètent l'action collective au travers des calculs coûts/avantages individuels. Pour elle, s'il peut y avoir dans un certain nombre de circonstances du calcul individuel, il y a quelque chose d'*antérieur* à ce calcul : «les classifications qui nous permettent de penser nous sont toujours fournies déjà toutes faites en même temps que notre vie sociale» (*ibid.* p. 90), qu'il s'agisse du «petit» et du «grand», du «cher» et du «bon marché», de «l'intéressant» et de «l'inintéressant», du «beau» et du «laid», du «vrai» et du «faux», de «l'ouvrier» et du «bourgeois» ou du «juste» et de «l'injuste». Par exemple, même dans le cas du calcul marchand, on doit tenir compte de «l'adhésion normative à la loi du marché lui-même» (*ibid.*, p. 39). Ces analyses rejoignent d'autres recherches associant la question morale des *valeurs* et le problème technique des *instruments de mesure* susceptibles de les appréhender, comme le travail d'Alessandro Pizzorno sur les identités collectives supportant les calculs individuels (voir *infra*) ou l'exploration par Luc Boltanski et Laurent Thévenot de formes générales de

---

23. «De quelques formes primitives de classification - Contribution à l'étude des représentations collectives» (1re éd. 1903), repris dans M. Mauss, *Essais de sociologie*, Paris, Minuit, coll. «Points», 1968 et 1969.
24. *Ainsi pensent les institutions*, trad. franç., préface de G. Balandier, Paris, Usher, 1989 (1re éd. 1986).

justification et de justice entendues comme des modes de mise en équivalence des personnes et des choses (voir chapitre 5).

Les formes collectives de classification prédonnées, sur lesquelles on ne s'interroge plus lorsque l'on est amené à classer dans la vie pratique, nous permettent d'«économiser de l'énergie cognitive», car, pour penser, «il faut que certaines choses soient continuellement oubliées», du fait qu'«on ne peut prêter la même attention à tout» (*ibid.*, p . 67). Ces modes de classification sont constitutifs de toute *institution* sociale, au sens large de «groupement social légitimé» (une famille, un jeu ou une cérémonie) (*ibid.*, p. 42), ne serait-ce que parce que celle-ci «a besoin d'une définition qui fonde sa vérité en raison et en nature» (*ibid.*, p. 41), qui la *naturalise*. Si les individus construisent collectivement les institutions et les classifications qui leur sont associées, celles-ci leurs donnent donc en retour des principes d'*identification* qui vont leur permettre de se penser et de penser le monde. Toutefois, dans le processus de coproduction de l'individuel et du collectif, Mary Douglas, en durkheimienne, continue à accorder une priorité au collectif.

3.2 Alain Desrosières, Laurent Thévenot et *Les Catégories socioprofessionnelles*

Dans les années 1980, Alain Desrosières et Laurent Thévenot, alors tous deux administrateurs à l'INSEE et ayant joué un rôle important dans l'élaboration de la nouvelle nomenclature des professions et catégories socioprofessionelles de 1982, ont développé des recherches sur le travail de catégorisation sociale à l'œuvre dans les statistiques. Parallèlement, Luc Boltanski et Laurent Thévenot ont mené une enquête de type expérimental chez des non-spécialistes sur les rapports entre des pratiques ordinaires de classement et des formes savantes telles que celles qui sont mises en œuvre par l'INSEE[25]. L'ensemble de ces travaux a été synthé-

25. «Finding one's Way in Social Space : a Study Based on Games», *Social Science Information*, vol. 22, n° 4-5, 1983.

tisé dans un petit livre sur *Les Catégories socioprofessionnelles*[26]. Chez Alain Desrosières, ces investigations se sont intégrées dans une recherche plus large sur l'histoire sociale des statistiques[27].

Un des points forts de ces travaux est d'avoir montré comment le problème de la catégorisation sociale (faire rentrer le monde social dans des catégories) permet d'établir des passages entre trois sens de la notion de *représentation* : 1°) «une représentation scientifique et technique au sens de la représentativité statistique», 2°) «une représentation politique (...), celle des partenaires sociaux représentant à une table de négociation (...) divers groupes professionnels dont ils sont mandataires», et 3°) «une représentation cognitive», «une image mentale qui sert aussi quotidiennement à chacun d'entre nous pour s'identifier et identifier les personnes avec lesquelles il entre en relation[28]». Or ces trois sens «renvoient à trois opérations différentes qui ont toutes en commun de *mettre en équivalence* des personnes» (*ibid.*), qui deviennent alors *commensurables* (mesurables dans un même espace, identifiables avec des notions communes). L'analyse de l'élaboration et des usages des catégories statistiques met ainsi en évidence «les relations entre le travail social et politique de construction d'une identité collective, la mise en équivalence des personnes qu'établit la nomenclature et les images mentales de cette catégorie» (*ibid.*, p. 35).

4. De nouveaux travaux sur les groupes et les catégories

L'intérêt pour les groupes sociaux aussi bien que pour les classifications sociales s'est développé dans le champ des sciences sociales ces dernières années. On indiquera certains de ces travaux.

26. Paris, La Découverte, coll. «Repères», 1988.
27. *La Politique des grands nombres - Histoire de la raison statistique*, Paris, La Découverte, 1993.
28. *Les Catégories..., op. cit.*, p. 34.

4.1 Alessandro Pizzorno et la question des identités

Sociologue et politiste italien, Alessandro Pizzorno a cherché une voie pour sortir des impasses des approches utilitaristes (en termes de calculs coûts/avantages individuels) de la participation à des actions collectives, qu'il s'agisse du vote ou de l'implication dans des mouvements sociaux. Pour des analyses utilitaristes, l'individu, afin de «choisir la méthode la plus rationnelle, devra comparer les coûts» des différentes possibilités qui s'offrent à lui, or «comment le peut-il sans disposer d'une mesure commune, d'une valeur qui rende la comparaison possible ?»[29] C'est pour répondre à cette question qu'il avance la notion d'*identité*, au double sens individuel et collectif, car se lier à un collectif (*identité collective*) est appréhendé en quelque sorte comme une des façons de se lier à soi-même (*identité individuelle*). Ainsi, «pour qu'il puisse déterminer quels sont ses intérêts, calculer coûts et bénéfices, le sujet agent devra donc être assuré de son identité par l'appartenance à une collectivité unifiante. Il en recevra les critères qui lui permettront de définir ses intérêts et de donner un sens à son action» (*ibid.*, p. 352). Mais les identités et les intérêts ne sont pas donnés indépendamment de l'activité des acteurs, et, au contraire, «la politique, comprise comme production d'identités collectives, définit et redéfinit sans cesse les intérêts des citoyens» (*ibid.*, p. 359). Alessandro Pizzorno insiste alors, contre une lecture objectiviste, sur la dimension active du travail d'identification collective qui «ne rassemble pas simplement des intérêts sociaux préexistants», mais «les sélectionne, les informe, les invente, et même, si besoin est, les néglige ou les étouffe» (*ibid.*, p. 362). Dans cette perspective, l'individu n'est pas plus une donnée que les groupes ou les institutions : «Le concept d'"individu"ainsi que que le concept de "groupe", d'"État", etc., sont des *constructions* de

29. «Sur la rationalité du choix démocratique», trad. franç., dans P. Birnbaum et J. Leca (éds), *Sur l'individualisme*, Paris, Presses de la FNSP, 1986, p. 350.

la même nature. Ce sont des constructions mentales qui permettent de lier les uns aux autres des actes qui forment des séries, et prêtent ainsi une certaine prévisibilité à la vie sociale[30]. »

4.2 L'approche génétique

L'approche génétique des groupes sociaux et des modes de classification et, plus largement, d'autres objets sociaux a connu un certain essor en France à partir des années 1980, dans le prolongement des travaux de Luc Boltanski, Alain Desrosières et Laurent Thévenot. À partir de 1990, une revue pluridisciplinaire, *Genèses - Sciences sociales et histoire* lui a même été consacrée. Cette lignée de recherches tient compte d'une remarque de Marx dans son analyse du « fétichisme de la marchandise » : « La réflexion sur les formes de la vie sociale, et par conséquent leur analyse scientifique, suit une route complètement opposée au mouvement réel. Elle commence, *après coup*, avec des données déjà tout établies, *avec les résultats du développement*[31] » (souligné par nous). Pour ne pas prendre ces « résultats » comme des choses naturelles, ces travaux vont alors essayer d'éclairer le processus de leur « développement ». On se contentera de signaler rapidement quelques-uns des travaux les plus marquants :

– Le sociologue américain Eviatar Zerubavel a produit une des analyses les plus originales, dans une double référence durkheimienne et schützienne, en ce qui concerne la formation historique d'une mesure standardisée du temps à l'échelle mondiale (adoption du *Greenwich Mean Time* et d'un système international de fuseaux horaires)[32].

– L'historien Gérard Noiriel a proposé une synthèse critique de multiples travaux historiques, sociologiques, ethnologiques ou économiques sur la

30. « Considérations sur les théories des mouvements sociaux », trad. franç., *Politix*, n° 9, 1er trimestre 1990, p. 79.

31. Livre 1 du *Capital* (1er éd. 1867), dans *Œuvres*, *Économie 1*, *op. cit.*, p. 609.

32. « La standardisation du temps - Une perspective socio-historique » (1re éd. 1982), trad. franç., *Politix*, n° 10-11, 2e et 3e trimestres 1990.

classe ouvrière en France dans une optique constructiviste[33]. Depuis, il a étendu son champ de préoccupations à la mise en forme du «national»[34].
– L'économiste Robert Salais a étudié l'émergence et l'institutionnalisation de la catégorie de «chômage[35]» le sociologue Christian Topalov prolongeant cette première investigation[36].

La démarche génétique a ainsi contribué à renouveler les sciences sociales dans leur ensemble, en permettant des passages transdisciplinaires fort heuristiques, mais elle présente aussi des limites. Un double danger la menace notamment : 1°) la quête (infinie) des «origines» (en remontant toujours plus loin dans le passé), et 2°) l'enfermement de l'analyse des pratiques sociales dans le passé (le préconstitué), en oubliant le travail du présent comme l'ouverture sur l'avenir propres aussi à l'historicité. Ce double piège a bien été identifié par Foucault, quand il oppose l'approche généalogique, sensible aux «commencements innombrables», à «la recherche de l'origine» : «car derrière les choses, il y a "tout autre chose" : non point leur secret essentiel et sans date, mais le secret qu'elles sont sans essence ou que leur existence fut construite pièce à pièce à partir de figures qui lui étaient étrangères[37]».

33. *Les Ouvriers dans la société française, 19e-20e siècles*, Paris, Seuil, coll. «Points Histoire», 1986.
34. Cf. notamment «La question nationale comme objet de l'histoire sociale», *Genèses*, n° 4, mai 1991.
35. *L'Invention du chômage - Histoire et transformations d'une catégorie en France des années 1890 aux années 1980*, en collaboration avec N. Baverez et B. Reynaud, Paris, PUF, 1986.
36. *Naissance du chômeur 1880-1910*, Paris, Albin Michel, 1994.
37. «Nietzsche, la généalogie, l'histoire», dans *Hommage à Jean Hyppolite*, Paris, PUF, 1971, p. 148.

5

DES INDIVIDUS PLURIELS

Le caractère pluriel de chaque individu, de ses désirs, de ses intérêts, des ressources cognitives et affectives auxquelles il fait appel ou de ses identités, a suscité ces dernières années une certaine curiosité dans le milieu des sciences sociales ; la double question de la continuité dans le temps et de l'unité dans l'espace de l'individu devenant plus problématique et donc objet d'interrogations. Dans ces travaux, les individus sont amenés à se mouvoir au sein de scènes multiples de la vie quotidienne, à travers des logiques d'action diverses, confrontés à des expériences plurielles, et mobilisent donc des aspects différents, parfois contradictoires, de leur personne.

Ce mouvement encore naissant peut s'appuyer sur quelques antécédents dans l'histoire de l'analyse sociale, bien que, comme l'a montré Mary Douglas[1], une grande partie des courants de la philosophie occidentale, ensuite des sciences sociales, se soient adossés, souvent implicitement, à des modèles de permanence et d'unité (conscientes ou non) de l'acteur ou de l'agent. Parmi les approches plus dissidentes, on peut rappeler, bien entendu, la notion de *stock de connaissances disponibles* associée à celle de *réalités multiples* chez Schütz. George Herbert Mead (1863-1932), philosophe pragmatiste américain et psychologue social qui a eu quelques influences sur les diverses formes de sociologie interactionniste aux États-Unis, a avancé également des pistes intéressantes pour notre propos. Dans ses investigations sur les processus de construction sociale du moi, il a laissé une place à la pluralité : « Les types de

1. « La connaissance de soi », *Revue du MAUSS*, n° 8, 2e trimestre 1990.

relations que nous entretenons varient suivant les différents individus ; nous sommes une chose pour un homme et une autre pour un autre. Il y a aussi des parties du soi qui n'existent que par rapport à lui-même.(...) Il existe une grande diversité de soi correspondant aux différentes réactions sociales. (...) Une personnalité multiple est en un sens normale[2].» Dans la tradition sociologique, cette réflexion sera surtout reprise avec la notion de *rôles sociaux* endossés par les individus. Pour G.H. Mead, cette diversité de soi finit par «s'harmoniser» dans «un soi complet» (*ibid.*, pp. 122-123), au travers de mécanismes qui restent toutefois en pointillé.

Plus près de nous, les critiques adressées à la généralisation du vocabulaire de «l'intérêt» et du «calcul» dans les sciences sociales, telles que celles de l'économiste américain Albert Hirschman[3] ou d'Alain Caillé[4] et de l'équipe du MAUSS (Mouvement anti-utilitariste dans les sciences sociales), ont ouvert la voie à une vue moins *unidimensionnelle* et davantage *pluridimensionnelle* des acteurs sociaux.

Mais l'antinomie unité/éclatement de l'individu a aussi à voir avec les modes de recueil des données utilisés par le chercheur. Jean-Marc Weller[5] a ainsi montré que le recours à des entretiens favorisait plutôt une vue cohérente et stable de la personne, alors que l'usage d'une observation directe et continue des activités ordinaires apportait une vision plus hétérogène ; d'où la nécessité d'une *réflexivité sociologique* permettant de mieux délimiter le domaine de validité des matériaux empiriques traités.

Nous allons maintenant passer en revue quelques approches parmi les plus systématiques de *la pluralisation* de l'acteur.

---

2. *L'Esprit, le soi et la société*, trad. franç., Paris, PUF, 1963 (1re éd. 1934), p. 121.
3. *Vers une économie politique élargie*, Paris, Minuit, 1986.
4. Notamment «La sociologie de l'intérêt est-elle intéressante ?», *Sociologie du travail*, n° 3, septembre 1981.
5. «Le mensonge d'Ernest Cigare - Problèmes épistémologiques et méthodologiques à propos de l'identité», *Sociologie du travail*, vol. 36, n° 1, 1994.

1. Erving Goffman et *Les Cadres de l'expérience*

Le sociologue américain Erving Goffman (1922-1982) a focalisé ses investigations sur les interactions de face-à-face de la vie quotidienne, en puisant tout particulièrement des ressources conceptuelles dans des métaphores théâtrales («scène», «public», «personnage», «rôle», «coulisses», «mise en scène», etc.). Mais s'il s'est prioritairement intéressé aux rencontres ordinaires, à ce qu'il a appelé *l'ordre de l'interaction*, appréhendé comme un domaine de la vie sociale analysable de manière autonome, il a mis en cause «le point de vue réductionniste selon lequel les éléments macro-sociologiques de la société, comme la société elle-même, seraient des composés, existant de manière intermittente, de ce qui peut être repéré dans la réalité des rencontres, en quelque sorte une agrégation et une extrapolation d'effets interactionnels», car ce serait confondre «ce qui relève *de* la situation et ce qui est *en* situation»[6]. Répondant aux critiques d'interactionnistes plus radicaux mettant en cause son trop grand «structuralisme», il notait aussi que «les individus n'inventent pas le monde du jeu d'échecs chaque fois qu'ils s'assoient pour jouer (...) ni le système de la circulation piétonne quand ils se déplacent dans la rue»[7]. Au sein de la galaxie interactionniste américaine, il a ainsi développé, de manière plus accentuée dans ses derniers travaux, une position nuancée intégrant les limites de l'interaction. Il indique, par exemple, dans *Les Cadres de l'expérience (Frame Analysis),* datant de 1974 et sur lequel on se centrera ici : «Je ne m'occupe pas de la structure de la vie sociale, mais de la structure de l'expérience individuelle de la vie sociale. Je donne personnellement la priorité à la société et considère les engagements d'un individu comme secondaires : ce travail ne traite donc

---

6. «L'ordre de l'interaction» (conférence de 1982), dans *Les Moments et leurs hommes*, textes recueillis et présentés par Y. Winkin, Paris, Seuil-Minuit, 1988, p. 208.
7. «Réplique à Denzin et Keller» (1re éd. 1981), trad. franç., dans I. Joseph *et al., Le Parler frais d'Erving Goffman*, Paris, Minuit, 1989, p. 307.

que de ce qui est secondaire[8].» Une des questions qui a traversé les différentes recherches du sociologue américain concerne l'identité du sujet (*self*), dont Albert Ogien a montré qu'elle était traitée «dans une oscillation permanente» entre la position de «l'unité» et celle de «l'éclatement»[9]. *Les Cadres de l'expérience* est un ouvrage particulièrement intéressant dans cette perspective.

La notion de *cadre* (*frame*) est au cœur des multiples analyses microsociologiques (à partir notamment d'anecdotes tirées de la presse) que nous présente Erving Goffman dans ce livre. Selon lui, «toute définition de situation est construite selon des principes d'organisation qui structurent les événements — du moins ceux qui ont un caractère social — et notre propre engagement subjectif. Le terme de "cadre" désigne ces éléments de base. L'expression "analyse de cadres" est, de ce point de vue, un mot d'ordre pour l'étude de l'organisation de l'expérience[10].» Les *cadres* visent donc différentes formes prises par *le pré-agencement* de nos expériences sociales, et plus précisément les cadres cognitifs de référence de nos activités courantes. Toutefois ces cadres ne prennent pas appui seulement sur un travail cognitif, mais celui-ci *s'ancre* de diverses manières dans le monde extérieur, notamment dans des «prémisses organisationnelles» *(ibid.*, p. 242) qui tendent à réactiver des formes mentales d'orientation dans la situation et des types de comportements associés. Le terme de *séquence* (*strip*) désigne, quant à lui, «une activité en cours, incluant ici des actions réelles ou fictives, envisagées du point de vue de ceux qui y sont subjectivement engagés» (*ibid.*). De manière synthétique, pour *la cadre-analyse*, «toute séquence d'activité est prise dans un cadre, vulnérable à des transformations et retransformations qui opèrent une stratification de la réalité[11]».

8. Trad. franç. d'I. Joseph, Paris, Minuit, coll. «Le sens commun», 1991.
9. «La décomposition du sujet», dans *Le Parler frais...*, *op. cit.*, p. 100.
10. *Les Cadres...*, *op. cit.*, p. 19.
11. Nathalie Heinich : «Pour introduire à la cadre-analyse», *Critique*, n° 535, déc. 1991, p. 943.

Dans la variété des notions avancées par Erving Goffman pour affiner son outillage théorique, nous ne retiendrons que quelques-unes des arêtes. Un *cadre primaire* est celui «qui nous permet, dans une situation donnée, d'accorder du sens à tel ou tel de ses aspects, lequel autrement serait dépourvu de signification[12]», par exemple lorsque l'on joue à une partie de tennis. À chaque cadre sont alors associées des *règles* spécifiques (ici les règles du jeu de tennis). Ces cadres primaires sont *vulnérables* à l'activité des acteurs, à des *transformations* qui ajoutent des *strates* supplémentaires de réalité aux situations en jeu :

– le *mode* (*key*) désigne «un ensemble de conventions par lequel une activité donnée, déjà pourvue d'un sens par l'application d'un cadre primaire, se transforme en une autre activité qui prend la première pour modèle mais que les participants considèrent comme sensiblement différente» (*ibid.*, p.52) ; c'est le cas, par exemple, quand on apprend une tâche (en la répétant) ou, dans un style plus ludique, lorsque l'«on fait semblant» ; une *modalisation* constitue un tel déplacement ;

– les *fabrications* concernent «les efforts délibérés, individuels ou collectifs, destinés à désorienter l'activité d'un individu ou d'un ensemble d'individus et qui vont jusqu'à fausser leurs convictions sur le cours des choses» (*ibid.*, p. 93), et donc tout le champ des tromperies entre acteurs (du simple canular au complot).

L'activité de cadrage ne va pas toujours de soi, et peut être soumise à des *défaillances* (ambiguïtés, erreurs de cadrage, doutes et controverses sur les cadres pertinents notamment), susceptibles de conduire les participants à *épurer* les cadres, c'est-à-dire à clarifier le cadrage de l'activité en cours (chap. 9), ou à des *ruptures de cadres*, quand nous ne savons plus traiter les circonstances et qu'elles viennent alors perturber notre comportement (on panique, on éclate de rire ou en sanglots, etc.) dans un cours d'action (chap. 10).

Erving Goffman oriente également notre regard vers les activités *hors cadre*, car, à côté du «segment d'activité cadré et offrant aux participants

12. *Les Cadres...*, *op. cit.*, p. 30.

ratifiés un foyer d'attention officiel», «d'autres genres, d'autres lignes d'activité (y compris des communications au sens étroit) apparaissent simultanément dans la même scène en marge de ce qui se produit officiellement» (*ibid.*, p. 201), qui mobilisent alors «une attention périphérique».

La multiplicité des cadres dans lesquels les expériences de l'individu peuvent être agencées nous conduit à une vision *fragmentée* de cet individu. Par exemple, dans des analyses de conversations, «même si le pronom "je" renvoie au locuteur, et même si celui-ci est une entité biographique précise, cela ne signifie pas que nous soyons tenus d'inclure, chaque fois que nous le citons, l'entité en tant que telle dans tous ses aspects. Il faudrait au contraire considérer celui qui parle comme un ensemble de choses différentes, liées entre elles du fait — en partie du moins — de nos croyances culturelles en matière d'identité» (*ibid.*, p. 510). Si les individus sont pluriels, il existerait donc aussi des formes d'unification, ne serait-ce qu'à travers ce que le philosophe Paul Ricœur appelle l'*identité narrative* (la personne existant par et dans sa mise en récit)[13]. Une autre forme de *solidification du moi* est prise en compte chez Erving Goffman — analysée au départ dans le cas-limite des «institutions totales» (comme les hôpitaux psychiatriques)[14] — comme le montre Robert Castel : «le moi ne commence à exister pour lui-même que dans la marge de jeu que lui laisse la coexistence d'institutions différentes[15]». Ainsi le *pluralisme institutionnel et situationnel* rendrait possible une distance aux différents rôles sociaux endossés par les individus. Personnalités multiples et unité de la personne n'apparaissent alors ni comme des substances données ni comme des thèses nécessairement opposées, mais comme des produits complémentaires (et en interrelation)

---

13. Cf. *Soi-même comme un autre*, sixième étude : «Le soi et l'identité narrative» (pp. 167-198), Paris, Seuil, 1990.
14. *Asiles*, trad. franç., présentation de R. Castel, Paris, Minuit, coll. «Le sens commun», 1968 (1re éd. 1961).
15. «Institutions totales et configurations ponctuelles», dans *Le Parler frais...*, *op. cit.*, p. 39.

travaillés dans le cours des interactions quotidiennes : «Le soi n'est donc pas une entité à moitié dissimulée derrière les événements, mais *une formule changeante* pour *se* gérer à travers eux[16].»

2. La sociologie de l'expérience de François Dubet

François Dubet, professeur de sociologie à Bordeaux, est l'un des animateurs du CADIS (Centre d'analyse et d'intervention sociologique), groupe créé par Alain Touraine. Sa *Sociologie de l'expérience*[17] constitue cependant un déplacement significatif par rapport à la sociologie tourainienne.

Alain Touraine a affirmé depuis longtemps une dimension constructiviste, en prenant pour objet «la production de la société par elle-même[18]». Toutefois cette orientation était prise dans une vision évolutionniste, voire prophétique, de l'histoire qui en limitait fortement la portée. La sociologie de l'action développée par Alain Touraine à partir des années 1960 n'est pas une sociologie de l'action localisée, au travers de séquences d'actions et d'interactions, mais une approche des cadres historiques généraux de l'action. Dans une vue évolutionniste de l'histoire assez homologue à celle de Marx, des types de sociétés caractérisés par un conflit social central se succèdent les uns aux autres (sociétés industrielles, puis sociétés post-industrielles pour les plus récentes). Le travail du sociologue revêt alors, dans la tentative de décryptage des mouvements sociaux porteurs d'avenir, un caractère prophétique. Les chercheurs du CADIS, comme François Dubet dans son étude sur *La Galère* des jeunes les plus dominés[19], ont tendu au fil du temps à estomper l'aspect prophétique au profit d'une posture plus analytique. La rupture avec la philosophie tourainienne de l'histoire est encore davantage marquée dans *Sociologie de l'expérience*,

16. *Les Cadres…*, *op. cit.*, p. 566, souligné par nous.
17. Paris, Seuil, 1994.
18. Cf. *Production de la société*, Paris, Le Livre de Poche, 1993 (1re éd. 1973).
19. Paris, Fayard, 1987.

car il s'agit de «faire son deuil de l'idée même de sujet historique» (p. 259) et de la lecture de l'histoire comme une succession de «types de société» (pp. 150-151).

L'ouvrage de François Dubet n'est pas sans défauts — par exemple, ses lectures réductrices de Norbert Élias, de Peter Berger et Thomas Luckmann ou de Pierre Bourdieu —, mais on se concentrera sur les pistes les plus neuves qu'il avance à partir de la notion d'*expérience*, définie comme «une activité cognitive», «une manière de construire le réel et surtout de le "vérifier", de l'*expérimenter*» (p. 93). Cette sociologie, qui vise à appréhender «l'expérience comme une combinaison de logiques d'action, logiques qui lient l'acteur à chacune des dimensions d'un système» (p. 105), fait alors éclater tant la notion de «système» que celle d'«acteur». Du côté du «système», «il n'existe pas d'unité de l'ensemble social (...) chaque logique de l'action renvoie à des éléments autonomes "du" système social», et «la notion de système social ne vaut pas plus que le simple constat d'une coprésence de ces éléments» (p. 150). «L'acteur» est également «divisé», son moi «dissocié», dans les tensions et les imbrications entre les trois logiques d'action (l'intégration, la stratégie et la subjectivation) repérées par François Dubet. Au croisement notamment des analyses de George Herbert Mead, d'Erving Goffman ou de l'ethnographie des modes de vie populaires en Angleterre proposée par Richard Hoggart[20], François Dubet avance alors des pistes intéressantes sur le processus social d'émergence d'*un sujet*. Selon lui, «la distance à soi, celle qui fait de l'acteur un sujet, est elle-même sociale, elle est socialement construite dans l'hétérogénéité des logiques et des rationalités de l'action[21]». Ce serait donc «la pluralité de l'expérience» qui engendrerait «une distance et un détachement» (*ibid.*, p. 17), *un quant-à-soi* porteur d'une activité critique qui empêcherait «l'individu d'être totalement son rôle ou sa position» (*ibid.*, p. 129). Cette subjectivité n'est pas plus (ni moins) réelle que l'éclatement de l'individu dans le cours de ses

20. *La Culture du pauvre*, trad. franç., Paris, Minuit, 1970 (1re éd. 1957).
21. *Sociologie de l'expérience*, *op. cit.*, p. 92.

expériences multiples, mais elle constitue simplement « le regard subjectif porté sur le Moi » (*ibid.*), « en mesure de donner sens et cohérence à une expérience par nature dispersée » (*ibid.*, p. 184) ; ce qui est rendu socialement possible par la diversité des logiques d'action et des dimensions du monde social ainsi que leurs tensions. On a alors, au bout du compte, « l'image d'une identité sociale dissociée en son cœur et construite comme un *travail*, comme une mise en relation de principes hétérogènes » (*ibid.*, p. 177), dans le sillage des travaux de Michael Pollak.

3. Jon Elster et les problématiques du soi multiple

Une autre façon d'explorer les marges de la théorie du choix rationnel a consisté pour Jon Elster à confronter un certain nombre de réflexions, venant de philosophes, d'économistes, de psychologues, d'un mathématicien et d'un politiste (lui-même), autour de l'hypothèse d'*un soi multiple*[22].

À travers ces différentes contributions, diverses figures plus ou moins radicales ou *soft* de la division des soi sont mises en évidence. Elles sont alors synthétisées par Jon Elster dans son introduction :

– Une première figure renvoie simplement à un soi intégré de manière flottante, à l'origine de ratés. Jon Elster utilise l'analogie d'une firme comprenant des unités dotées d'une certaine autonomie. Il note alors que « des croyances contradictoires peuvent coexister pacifiquement pendant longtemps, si elles appartiennent à des secteurs de la vie différents » (*ibid.*, p. 4).

– La deuxième figure concerne des problèmes beaucoup traités par la philosophie anglo-américaine (dite « philosophie analytique ») : *la duperie de soi-même* (*self-deception*) et *la faiblesse de la volonté* (*weakness of will*). Quelqu'un qui se dupe lui-même croit quelque chose à l'opposé de ce qu'il a les meilleures raisons de croire ; ce qui peut induire une faiblesse de la volonté, c'est-à-dire le choix du pire en toute connaissance de cause. On a alors un conflit interne à une personne entre deux désirs ou

22. J. Elster (ed.), *The Multiple Self*, Cambridge, Cambridge University Press, 1985.

croyances, un des deux apparaissant clairement comme le plus pertinent ou le meilleur et pourtant cette personne va opter pour l'autre.

– Une troisième figure vise un déchirement entre plusieurs désirs, ce que Jon Elster nomme les *faustian selves*.

– Une quatrième figure introduit non plus une séparation *horizontale* au sein du moi, mais une division *verticale*, avec des *soi hiérarchiques*, liés entre eux par un ordre de préférences.

– Une cinquième figure met l'accent sur des *soi successifs* à travers le temps et des changements identitaires bousculant la continuité de la personne.

– Une sixième figure dessine des *soi parallèles*, associés aux vies parallèles d'une même personne.

– Une septième figure intègre l'héritage freudien, avec les distinctions entre le *conscient*, le *préconscient* (intermédiaire par rapport au conscient et à l'inconscient) et l'*inconscient*, ainsi qu'entre le *ça* (les pulsions inconscientes), le *moi* et le *surmoi* (instance agissant inconsciemment sur le moi et se développant par l'intériorisation des interdits parentaux).

– Une huitième figure met en scène un conflit entre le soi économique et le soi social, l'*homo œconomicus* et l'*homo sociologicus*.

– Enfin, une neuvième figure, la plus radicale, défend une *théorie du non-soi*, selon laquelle le soi renverrait à des éléments disparates qui n'auraient pas d'unité en eux-mêmes en dehors des croyances de l'observateur (soi-même ou les autres) et constituerait donc une illusion ; c'est une telle perspective qu'a formalisée le bouddhisme tel qu'il est présenté par l'économiste français Serge-Christophe Kolm[23].

4. La notion de répertoire

Dans une proximité avec la notion schützienne de *stock de connaissances disponibles*, s'est diffusée à travers divers secteurs des sciences sociales la notion de *répertoires* (ou des notions avoisinantes), dans

23. «The Buddhist Theory of "no-self"», extrait traduit en anglais de son livre *Le Bonheur-liberté - Bouddhisme profond et modernité*, Paris, PUF, 1982.

lesquels les individus et les groupes iraient puiser des ressources (intériorisées ou extériorisées) variées, voire contradictoires entre elles. Chaque individu aurait donc accès à un répertoire composé d'outils disparates. Cela contribue à donner une vue moins homogénéisante et plus composite des individus. On donnera un panorama succinct de quelques-unes de ces conceptions :

– Mettant en cause le concept traditionnel de *culture*, comme ensemble homogène et intégré de valeurs et de normes «déterminant» les comportements des individus et des groupes, la sociologue Ann Swidler a cherché à réintégrer les formes culturelles dans l'action[24]. Elle a alors avancé une définition alternative de la culture, comme «une "boîte à outils" (*tool kit*) de symboles, d'histoires, de rituels et de représentations du monde, que les gens peuvent utiliser dans des configurations variées pour résoudre différentes sortes de problèmes», comme «composants culturels» de la construction de «stratégies d'action» (*ibid.*, p. 273). La notion de *stratégie* ici ne suppose pas nécessairement «un plan consciemment formulé», mais vise «une façon générale d'organiser l'action», incluant des habitudes et des représentations préconstituées (*ibid.*, p. 277). Les acteurs vont, au sein de tels *répertoires* ou *boîtes à outils* susceptibles de contenir des «symboles antagoniques», «sélectionner différents éléments pour élaborer des lignes d'action» (*ibid.*). Un ensemble culturel fournit alors également aux acteurs «un répertoire de compétences», qui en même temps «limite l'espace des stratégies disponibles» (*ibid.*, p. 284).

– De manière convergente, l'anthropologue Jean-Loup Amselle a défendu, contre une «vision essentialiste de la culture», l'idée d'un *réservoir* de pratiques «dont les acteurs se servent pour renégocier en permanence leur identité»[25]. C'est «en fonction de telle ou telle conjoncture

24. «Culture in Action : Symbols and Strategies», *American Sociological Review*, vol. 51, n° 2, april 1986.
25. *Logiques métisses - Anthropologie de l'identité en Afrique et ailleurs*, Paris, Payot, 1990, p. 10.

politique» que des composants de ce *réservoir* sont mobilisés par les acteurs» (*ibid.*, p. 13). *L'identité* d'un acteur ou d'un groupe d'acteurs est alors conçue comme le résultat provisoire d'une *négociation* entre des éléments disparates, et la notion de *logiques métisses* postule «un syncrétisme originaire, un mélange» (*ibid.*, p. 248).

– C'est contre la notion de «mentalités», beaucoup utilisée dans les sciences sociales et historiques, que l'historien britannique Geoffrey Lloyd est, quant à lui, parti en guerre[26]. Alors que cette notion de mentalité tend à présupposer une certaine cohérence et stabilité de «schémas récurrents et omniprésents d'idées, de croyances et de comportements» (*ibid.*, p. 210), l'investigation historique conduit à «repérer *chez les mêmes individus*, dans notre propre société, en Grèce ancienne, en Chine ancienne, chez les Dorzé, des modes *très différents* de raisonnement dans le processus d'expression de la pensée, de la croyance, des arguments, de la justification, et cela dans des domaines *très disparates* du discours» (*ibid.*, p. 218). Pour un même individu ou un même groupe d'individus, la diversité des croyances et des activités observées ne permet pas de «leur attribuer une mentalité *unique et déterminée*» (*ibid.*, p. 210), et nous invite plutôt à orienter notre attention vers la pluralité des *contextes de communication*.

Ce type d'orientation peut avoir des risques, soulignés par Michel Dobry : procéder à «une mise à plat synchronique» des diverses ressources disponibles à un moment donné (pour un acteur ou un groupe d'acteurs) en oubliant les «dilemmes pratiques que rencontrent les acteurs» en cours d'action[27]. C'est pourquoi l'accent est souvent mis sur l'interaction étroite entre la sélection des ressources préconstituées et les logiques des situations traversées.

26. *Pour en finir avec les mentalités*, trad. franç., Paris, La Découverte, 1993 (1re éd. 1990).
27. «Calcul, concurrence et gestion du sens», dans P. Favre (éd.), *La Manifestation*, Paris, Presses de la FNSP, 1990, p. 361.

5. La pluralité des régimes d'action chez Luc Boltanski et Laurent Thévenot

Luc Boltanski et Laurent Thévenot, tous deux aujourd'hui directeurs d'études à l'EHESS et animateurs du Groupe de sociologie politique et morale, ont avancé une sociologie de la justification publique qui s'est ensuite élargie à une approche plus générale des régimes d'action susceptibles de caractériser l'action des individus dans une société comme la nôtre. Ces orientations ont également fécondé le champ de l'économie, avec le nouveau courant dit de « l'économie des conventions[28] ».

5.1 La justification publique

Avec *De la justification*[29], Luc Boltanski et Laurent Thévenot ont pris pour objet les disputes ordinaires activant *la critique* et *la justification* des personnes dans des espaces *publics*, c'est-à-dire potentiellement sous le regard et les demandes d'explication des autres membres de la collectivité. Ils ont fait l'hypothèse que sur ces débats publics pèsent de fortes contraintes de légitimité et de généralité des arguments utilisables qui conduisent les personnes concernées à dépasser la situation particulière au sein de laquelle elles sont engagées. C'est dans cette perspective qu'ils ont modélisé des registres généraux de justifications utilisées aujourd'hui dans des activités quotidiennes ; chacun de ces registres se référant à une conception différente du bien commun et de la justice dans une cité. Pour entreprendre cette formalisation, ils ont eu recours à des auteurs classiques de philosophie politique qui ont développé justement des visions diverses de ce que pourrait être une cité juste. Ces auteurs n'ont pas «inventé» ces registres, mais ils sont considérés comme des *grammairiens*

28. Voir J.-P. Dupuy, F. Eymard-Duvernay, O. Favereau, R. Salais et L. Thévenot : « L'économie des conventions », *Revue économique*, vol. 40, n° 2, mars 1989.
29. Sous-titré *Les Économies de la grandeur*, Paris, Gallimard, 1991 (1re éd. 1987).

du lien politique, c'est-à-dire que l'on suppose qu'ils ont systématisé et explicité des conceptions de la justice apparaissant plus implicites dans la vie ordinaire. Dans un deuxième temps, Luc Boltanski et Laurent Thévenot ont proposé une première validation empirique de leur construction en repérant des schémas similaires aux différentes cités justes dans des guides contemporains à destination de l'entreprise. Dans ce double processus, six registres de justification publique ont alors été identifiés (la liste n'est pas exhaustive, bien que, pour les auteurs, le nombre des registres soit nécessairement limité) ; chaque cité supportant une façon spécifique de mesurer la grandeur des personnes (un *principe d'équivalence* propre), d'où la notion d'*économies de la grandeur* :
– la justification civique (Rousseau, 1712-1778/guide syndical), basée sur la volonté collective et l'égalité ;
– la justification industrielle (Saint-Simon, 1760-1825/guide de productivité), basée sur l'efficacité et la compétence ;
– la justification domestique (Bossuet, 1627-1704/guide de savoir-vivre), basée sur les relations de confiance personnalisées liant, à travers un ensemble de chaînes de relations, les membres d'une collectivité ;
– la justification par l'opinion (Hobbes, 1588-1679/guide de relations publiques), basée sur la reconnaissance par les autres ;
– la justification marchande (Smith, 1723-1790/guide pour réussir dans les affaires), basée sur le marché ;
– la justification inspirée (Saint-Augustin, 354-430/guide de créativité), qui établit un lien immédiat entre la personne et une totalité (par exemple, Dieu pour les mystiques ou l'Art pour les artistes).

Ces registres obéiraient à deux contraintes communes qui établiraient leur *légitimité* — entendue non pas au sens courant en sociologie de « légitimation » (c'est-à-dire de licitation *a posteriori* de rapports de domination) mais comme un horizon général de sens servant de repère aux acteurs dans le cours de leurs actions — dans les espaces publics de notre société : 1°) une contrainte de *commune humanité*, reconnaissant une qualité humaine commune aux membres de la cité, et 2°) une contrainte d'*ordre* sur cette humanité, c'est-à-dire une hiérarchie non permanente, soumise alors à des *épreuves de grandeur*, et qui donc ne suppose pas des sous-humanités stabilisées comme dans les sociétés de castes. Ces registres ne renvoient pas qu'à des principes de justice, mais aussi à des *mondes d'objets* (par exemple un chronomètre dans l'univers industriel) servant de supports à des épreuves. Les auteurs font aussi l'hypothèse que chaque acteur de notre société a accès à ces modes de justification, qui feraient alors partie de *compétences partagées*.

Ces modalités ordinaires de la critique et de la justification sont aussi présentes dans les travaux des sciences sociales, c'est pourquoi *la sociologie de la critique*, en prenant pour objet *les sociologies critiques* des acteurs comme des chercheurs, est aussi *une sociologie réflexive*, en contribuant à expliciter des dimensions normatives implicites des sociologies savantes. La coupure traditionnelle revendiquée par la sociologie entre les jugements de faits et les jugements de valeur n'apparaît pas aussi tranchée, même si elle reste un horizon régulateur de l'activité scientifique, ne serait-ce que parce que nos disciplines utilisent des modes d'évaluation des comportements et des processus sociaux à la double dimension *technique* (systèmes de mesure) et *morale* (systèmes de valeurs) qu'il est difficile de complétement dissocier.

Si ces registres sont considérés comme des produits socio-historiques, les investigations entreprises ont laissé de côté ce champ immense pour se focaliser sur le travail quotidien des acteurs, dans l'usage de ces formes générales préconstituées. C'est dans la rencontre entre des formes *intériorisées* (des compétences à utiliser des arguments et à se mouvoir dans des mondes d'objets) et des dispositifs *extériorisés* (des préagencements de situations peuplées d'objets) que cette activité est appréhendée. Ce sont alors tout particulièrement les *dénonciations* réciproques entre registres de justification différents et les *compromis* entre eux qui ont mobilisé l'attention des auteurs.

Le modèle de justification publique a suscité certains débats. Un problème souvent abordé concerne le degré de partage entre les acteurs des compétences à la justification. L'égalité des capacités dans ce domaine ne va pas de soi empiriquement, l'idée d'un accès *minimal* de chacun apparaissant plus ajustée. Mais deux contresens ont également été effectués couramment : 1°) certains lisent le modèle comme une description du monde *tel qu'il est* (le monde *serait* alors «juste») ; or, on a affaire plus précisément à la saisie d'actions à travers *les sens ordinaires de la justice* mobilisés par les personnes dans la rencontre de mondes d'objets, et donc à une *construction du second degré* ; et 2°) le modèle chercherait à englober toutes les situations avec les notions de justification et de justice. Sur ce deuxième point, Luc Boltanski et Laurent Thévenot indiquent, au contraire dans leur postface, qu'ils ne prétendent «pas rendre compte des conduites des acteurs dans l'ensemble des situations auxquelles ils peuvent être confrontées», car «les moments de dispute constituent des interruptions dans des actions menées avec d'autres personnes ; ils doivent donc être resitués dans un cours d'action qui, en amont et en aval du moment du jugement, se déroule en dehors de contraintes fortes de réflexion et de justification» (*ibid.*, p. 425). L'espace est alors ouvert à une sociologie plus large des régimes d'action, dont le régime de justification publique ne serait qu'*un modèle régional.*

Le modèle de la justification a été confronté à différents terrains empiriques, sur le mode d'une construction systématique qui n'existe jamais telle quelle dans la réalité observée mais qui justement sert d'outil d'investigation[30]. Claudette Lafaye et Laurent Thévenot ont exploré les possibilités d'émergence d'un registre de justification écologique[31] ; ce qui montre que la recherche sur les formes de justification est ouverte sur le travail des acteurs. Le caractère pluriel des personnes, lié à la diversité des modes de justification utilisés par chacun dans des situations différentes, a particulièrement été travaillé par Claudette Lafaye dans le cas d'acteurs ayant une «double casquette» (par exemple maire/agent local

30. Cf. notamment L. Boltanski et L. Thévenot (éds) : *Justesse et justice dans le travail* (avec des textes de P. Boisard et M.-T. Letablier, F. Chateauraynaud, P. Corcuff, J.-L. Derouet, N. Dodier, A. Desrosières, F. Eymard-Duvernay, F. Kramarz, C. Lafaye, L. Thévenot et A. Wissler), Cahiers du CEE, Paris, PUF, n° 33, 1989.
31. «Une justification écologique ? Conflits dans l'aménagement de la nature», *Revue française de sociologie*, vol. 34, n° 4, oct.-déc. 1993.

de l'administration), dont l'identité souvent équivoque dans les situations traversées est source de tensions et de reconstructions identitaires[32].

5.2 D'autres régimes d'action accessibles à un même individu

À la manière dont Claude Grignon parle de «concepts bulldozers[33]», on pourrait parler de *sociologies bulldozers* pour nombre de sociologies disponibles, qui appréhendent le monde social avec un vocabulaire uniforme de description, d'interprétation et d'explication, valable en toute situation. Elles tendent ainsi à rabattre sur un même plan des situations très disparates. La sociologie des régimes d'action qui s'amorce aujourd'hui à partir des travaux de Luc Boltanski et Laurent Thévenot vise, à l'inverse, à retrouver les aspérités du terrain et à proposer des ensembles conceptuels différents en fonction des types de situations, et donc à reconstruire une approche globale en partant de l'élaboration de modèles régionaux[34]. Chaque régime d'action va essayer de rendre compte de l'action dans certaines situations à travers l'équipement mental et gestuel des personnes, dans la dynamique d'ajustement des personnes entre elles et avec les choses, en recourant donc à des appuis préconstitués tout à la fois *internes* et *externes* aux personnes. Bien que toute une série de problèmes des sciences sociales puissent être reformulés dans ce cadre, celui-ci n'a pas de prétention à couvrir tout le champ de la sociologie, car il se présente dans une veine schützienne comme une «science de la science des acteurs[35]». D'autres régimes d'action que la justification publique ont alors été envisagés :

32. «Praticiens de l'Équipement et légitimités quotidiennes», *Annales de la recherche urbaine*, n° 44-45, déc. 1989.
33. *Le Savant et le populaire*, Paris, EHESS-Gallimard-Seuil, 1989, p. 41.
34. Pour une présentation synthétique de ce nouveau programme de recherche pour les sciences sociales, voir Nicolas Dodier, «Les appuis conventionnels de l'action - Éléments d'une pragmatique sociologique», *Réseaux*, n° 62, nov.-déc. 1993.
35. L. Boltanski, *L'Amour et la Justice comme compétences - Trois essais de sociologie de l'action*, Paris, Métailié, 1990, p. 147.

– Luc Boltanski a esquissé un tableau de quatre régimes d'action, à partir d'un double axe équivalence (mesure)/hors équivalence (dé-mesure) et paix/disputes :

• *la justice-justification* (un état de *dispute* appelant le recours à des principes généraux d'*équivalence*) ;

• *la justesse* (*équivalence* tacite entre les personnes et les choses, dans des routines et donc dans la *paix*, la critique n'étant pas activée) ;

• *l'agapè* ou amour (don gratuit sans attente de contre-don, travaillé à partir de la tradition théologique chrétienne, une sortie de l'*équivalence* dans la *paix*) ;

• et *la violence* (dans son concept-limite de « déchaînement des forces », un état de *dispute* sortant de l'*équivalence*).

	Paix	
justesse		*agapè (amour)*
Équivalence (mesure)		**Hors équivalence (dé-mesure)**
justice-justification		*violence*
	Dispute	

Luc Boltanski se propose alors d'explorer les basculements d'un régime d'action vers un autre, et ce à travers les différents moments et situations de la vie quotidienne.

– Laurent Thévenot a développé des analyses sur les relations de proximité entre personnes et entre personnes et choses, qui, à la différence du registre de justification domestique, demeurent localisées et particularisées, ne débouchant pas nécessairement sur une généralisation et une publicisation. C'est ce qu'il appelle *le régime de familiarité*[36]. Les recherches de

36. « Le régime de familiarité », *Genèses*, n° 17, sept. 1994.

Christian Bessy et Francis Chateauraynaud sur *le corps à corps* des personnes avec des objets dans le cas d'expertises, en faisant notamment appel à des ressources issues de la phénoménologie de la perception de Merleau-Ponty, tendent à converger avec ce champ d'investigation[37].

– D'autres régimes d'action ont été esquissés. On a ainsi pu modéliser, à partir d'écrits du philosophe contemporain Emmanuel Lévinas, un *régime d'interpellation éthique dans le face à face ou de compassion* (P. Corcuff et N. Depraz). Est alors visé, schématiquement, le fait d'être «pris», en pratique et de manière non nécessairement réfléchie, par un sentiment de responsabilité vis à vis de la détresse d'autrui, dans le face-à-face et la proximité des corps. Un autre régime d'action a été formalisé à partir de l'œuvre politique de Machiavel (1469-1527) : le *régime machiavélien ou tactique-stratégique* (Groupe d'études machiavéliennes du CERIEP de Lyon). Est tenté ici une relocalisation de comportements stratégiques occupant aujourd'hui dans les analyses des sciences sociales un espace trop général à la validité indéterminée.

Diverses dimensions des activités sociales pourraient être éclairées de manière nouvelle avec de tels outils, comme les questions de la domination et du pouvoir, mises plutôt entre parenthèses jusqu'à présent. Toutefois, les régimes d'action accessibles aux acteurs de nos sociétés ne sont vraisemblablement pas en nombre illimité, c'est pourquoi la sociologie des régimes d'action apparaît comme une opération de *mise en ordre de la diversité* des ressources utilisées par les acteurs ainsi que des propriétés des cours d'action. L'approfondissement d'une telle perspective passe notamment par une exploration plus systématique des passages entre régimes d'action, c'est-à-dire par la mise en relation de différents aspects (intériorisés et extériorisés) de la réalité sociale. Il s'agit de prendre en compte *l'hétérogénéité interne de l'action*, tout en cherchant à penser ses *articulations*.

---

37. «Les ressorts de l'expertise - Épreuves d'authenticité et engagement des corps», dans B. Conein *et al.*, *Les Objets dans l'action*, Paris, EHESS, coll. «Raisons pratiques», 1993.

CONCLUSION

Au terme de ce parcours synthétique, et nécessairement partiel, au sein des *nouvelles sociologies* discutées en France dans les années 1980 et dans la première moitié des années 1990, on se doit d'apporter quelques précisions complémentaires.

Tout d'abord, le choix d'appréhender les auteurs, les concepts, les résultats des recherches ou les débats à partir du fil conducteur du *constructivisme social* nous a conduit à mettre de côté d'autres travaux caractéristiques de ces années, mais qui ont pris moins systématiquement à bras-le-corps le problème de la sortie des antinomies traditionnelles en sciences sociales. Ainsi, tout un ensemble d'investigations intéressantes n'ont pas été prises en compte du fait du cadre conceptuel retenu dans ce petit livre. De même, les nouveaux rapports entre les sciences sociales et la philosophie n'ont été qu'effleurés. Signalons toutefois les discussions et les appropriations de certaines orientations philosophiques, et en particulier de la dernière philosophie de Ludwig Wittgenstein (notamment son traitement des problèmes posés par les usages du langage), de la phénoménologie du corps de Maurice Merleau-Ponty, des façons originales d'interroger l'histoire travaillées par Michel Foucault, de l'attention à la mise en récit propre à Paul Ricœur, de la «déconstruction» promue par Jacques Derrida, de la philosophie des sciences de Michel Serres, de la théorie de l'agir communicationnel de Jürgen Habermas ou des théories américaines de la justice comme celles de John Rawls et de Michael Walzer.

Sur le plan épistémologique, des éléments nouveaux ont également été avancés, qui mettent en évidence que les perspectives constructivistes ne s'accompagnent pas, hormis quelques exceptions, d'un ultra-relativisme. C'est plutôt un nouvel usage des notions de *vérité scientifique* et de *réalité* qui se dessine. Les vérités scientifiques, qui elles-mêmes ne visent qu'une part des usages sociaux de la notion de vérité (l'éthique, l'amour ou l'esthétique constituant, par exemple, les supports d'autres usages), apparaissent plurielles, historiquement et socialement situées, provisoires, mais la notion de vérité continue à constituer un *horizon régulateur* pour le travail scientifique, prenant appui sur le répertoire des critères-règles-méthodes-concepts-débats hérité de la tradition sociologique. Plus spécifiquement, des réflexions épistémologiques assez diverses et qui ne se situent pas toutes dans un espace constructiviste, comme celles d'Aaron V. Cicourel[1], Jean-Claude Passeron[2], Raymond Boudon[3], Pierre Rolle[4] ou Erhard Friedberg[5], convergent vers la mise en cause d'*une épistémologie binaire* (autour d'une opposition tranchée vrai/faux) au profit d'*une épistémologie des domaines de validité* (domaines de validité des observations et des discours recueillis par le chercheur, des techniques utilisées, des concepts proposés ou des conditions mêmes de l'enquête). On n'aurait donc pas des énoncés sociologiques qui pourraient être dits «vrais» ou «faux» en général, mais «vrais» ou «faux» dans une *certaine* mesure, sous *certaines* conditions, dans *certaines* circonstances, qu'il s'agit justement de chercher à mieux expliciter pour donner à ces énoncés une plus grande rigueur scientifique. Raymond Boudon a, dans sa critique des prétentions universalistes de nombre de théories du changement social, mis l'accent sur la «validité locale» des théories sociologiques. Pierre Rolle indique que, dans le cas d'un modèle théorique, on doit chercher à clarifier «les conditions, plus ou moins restrictives» sous lesquelles il s'applique ;

1. Notamment «Interviews, Surveys and the Problem of Ecological Validity», *American Sociologist*, february 1982.
2. Voir «L'inflation des diplômes - Remarques sur l'usage de quelques concepts analogiques en sociologie», *Revue française de sociologie*, vol. 23, n° 4, déc. 1982, et *Le Raisonnement sociologique*, Paris, Nathan, 1991.
3. *La Place du désordre*, Paris, PUF, 1984.
4. *Travail et salariat - Bilan de la sociologie du travail*, tome 1, Grenoble, Presses universitaires de Grenoble, 1988.
5. *Le Pouvoir et la Règle*, Paris, Seuil, 1993.

«l'erreur» consistant davantage en sciences sociales en «une méconnaissance des limites» des outils théoriques usités (*op. cit.*, pp. 64-65). Jean-Claude Passeron et Erhard Friedberg plaident pour un élargissement de la validité de propositions sociologiques toujours localisées, via un usage contrôlé du raisonnement comparatif, mais cette validité ne peut jamais être considérée comme illimitée. Aaron V. Cicourel est tout particulièrement attentif au domaine de validité des contextes d'enquête, à leurs écarts comme à leurs proximités avec des contextes quotidiens d'action, d'où l'importance accordée à une *réflexivité sociologique*. Dans le cadre de ces perspectives, on peut discriminer des vérités scientifiques à la validité plus ou moins large et construites de manière plus ou moins rigoureuse (on n'est donc pas face à une indistinction relativiste radicale du type «tout se vaut»). Mais si les vérités sociologiques sont plurielles, c'est aussi pour rendre compte des aspects pluriels de la réalité sociale, qui peuvent être notamment distingués en fonction de leur *solidité*. Les critères avancés par Laurent Thévenot pour ce qui est des «investissements de forme»[6] sont particulièrement intéressants pour identifier cette solidité : *espace de validité*, *stabilité temporelle* et *degré d'objectivation*.

Si les analyses constructivistes procèdent *d'abord* de la logique du travail scientifique, avec ses contraintes et ses règles propres, elles ne sont pas toujours sans liens avec des considérations éthiques et politiques. En premier lieu, ni les tentations récurrentes d'une posture surplombante vis-à-vis des acteurs ni le constat de la variabilité historique et sociale de leurs idéaux d'émancipation ne mènent nécessairement la sociologie à un scepticisme généralisé à l'égard de tous les idéaux ; au contraire, note Jean-Louis Fabiani, «c'est en analysant le travail idéologique quotidien qui reprise et rafistole les idéaux aux prises avec les circonstances que le sociologue, revenu du dilemme relativiste, réapprend le respect[7]». D'autre part, en historicisant et en *dénaturalisant* ce qui apparaît

6. «Les investissements de forme», *Cahiers du CEE*, n° 29, 1986.
7. «La survie du sociologue», *Critique*, n° 445-446, juin-juil. 1984, p. 459.

«naturel», «nécessaire», posé là «de toute éternité», la sociologie *défatalise*, selon le mot de Pierre Bourdieu[8]. Certes, la sociologie nous montre que tout n'est pas possible, du fait des contraintes (extériorisées et intériorisées) nées du travail socio-historique antérieur, mais «ce que le monde social a fait, le monde social peut, armé de ce savoir, le défaire»[9]. Le sociologue constructiviste est alors susceptible d'interroger les *boîtes noires*, pour reprendre une expression de Michel Callon et Bruno Latour, fermées par les acteurs et en particulier *les puissants* (comme «les fondements naturels des inégalités», «la nature féminine», «les lois de l'économie», «le caractère inéluctable du chômage», «la seule politique possible», «les nécessités techniques», etc.)[10] et, donc, de contribuer à ouvrir de nouveaux *espaces de possibles* à l'action humaine, en particulier à celle des *plus dominé(e)s*. En ce sens, les constructivismes peuvent constituer des armes contre les diverses formes de conservatisme social et politique. Les polémiques qui sont nées à propos des approches constructivistes ont d'ailleurs été amenées à aborder la question de ses rapports complexes à la politique[11].

---

8. *Questions de sociologie*, Paris, Minuit, 1980, p. 46.
9. P. Bourdieu, *La Misère du monde*, Paris, Seuil, 1993, p. 944.
10. Pour une telle critique politique armée de ressources sociologiques, voir Club Merleau-Ponty, *La Pensée confisquée. Quinze idées reçues qui bloquent le débat public,* Paris, La Découverte, 1997.
11. Pour une telle polémique dans la revue *Le Débat*, voir P. de Lara, «Un mirage sociologique. La construction sociale de la réalité», n° 97, novembre-décembre 1997, ainsi que P. Corcuff, «Entre malentendus sociologiques et impensé politique. Réponse à Philippe de Lara» et P. de Lara «Nouvelle sociologie ou vieille philosophie ?», n° 103, janvier-février 1999. En ce qui concerne plus spécifiquement les relations avec un engagement éthique et politique, voir D. Bensaïd et P. Corcuff, «Le travail intellectuel au risque de l'engagement», *Agone* (Marseille), n° 18-19 sur «Neutralité et engagement du savoir», 1998.

BIBLIOGRAPHIE

Chapitre 1

Pour en savoir plus...

HÉRAN F., «L'assise statistique de la sociologie», *Économie et Statistique,* n° 168, juil.-août 1984.

LACROIX B., «Durkheim Émile, 1858-1917 : *Leçons de sociologie*, 1950», dans Châtelet F. *et al.*, *Dictionnaire des œuvres philosophiques,* Paris, PUF, pp. 213-219, 1986.
Deux lectures constructivistes de Durkheim.

RUBINSTEIN D., *Marx and Wittgenstein — Social Praxis and Social Explanation,* Londres, Routledge and Kegan Paul, 1981.

Chapitre 2

Textes de base :

ACCARDO A., *Introduction à une sociologie critique. Lire Bourdieu,* Bordeaux, Le Mascaret, 1997.

ACCARDO A. et CORCUFF P., *La Sociologie de Bourdieu — Textes choisis et commentés,* Bordeaux, Le Mascaret (1re éd. 1986), 1989.

BOURDIEU P., *Le Sens pratique,* Paris, Minuit, 1980.

BOURDIEU P., «Quelques propriétés des champs», dans *Questions de sociologie,* Paris, Minuit, 1980.

BOURDIEU P., «Le mort saisit le vif - Les relations entre l'histoire réifiée et l'histoire incorporée», *Actes de la recherche en sciences sociales,* n° 32-33, avril-juin 1980.

BOURDIEU P., «Espace social et pouvoir symbolique», dans *Choses dites,* Paris, Minuit, 1987.

DOBRY M., *Sociologie des crises politiques,* Paris, Presses de la FNSP, 1986.

ÉLIAS N., *Qu'est-ce que la sociologie ?,* trad. fr., Paris, Pandora, 1981 (1re éd. 1970 ; réédition 1991 en Pocket-«Agora»).

ÉLIAS N., *La Société de cour* (achevé en 1933 mais publié seulement en 1969), avec un avant-propos «Sociologie et histoire» de 1969, trad. franç., préface de R. Chartier, Paris, Flammarion, coll. «Champs», 1985.

ÉLIAS N., *La Société des individus,* trad. fr., avant-propos de R. Chartier, Paris, Fayard (1re éd. 1987), 1991.

GIDDENS A., *La Constitution de la société,* trad. fr., Paris, PUF, 1987 (1re éd. 1984).

GRIGNON C. et PASSERON J.-C., *Le Savant et le populaire,* Paris, EHESS-Gallimard-Seuil, 1989.

Pour en savoir plus...

BAYART J.-F., *L'État en Afrique,* Paris, Fayard, 1989.
Des ressources puisées chez A. GIDDENS, des convergences avec C. GRIGNON et J.-C. PASSERON sur l'autonomie symbolique des sociétés africaines, des éléments d'analyse des processus de traduction entre scènes «internes» et scène internationale (rejoignant M. CALLON et B. LATOUR).

HÉRAN F., «La seconde nature de l'habitus - Tradition philosophique et sens commun dans le langage sociologique», *Revue française de sociologie,* vol. 28, n° 3, juil.-sept. 1987.
L'histoire philosophique d'un concept sociologique.

LACROIX B., «Ordre politique et ordre social», dans GRAWITZ M. et LECA J. (éds.) *Traité de science politique,* tome 1, Paris, PUF, 1985.

LAHIRE B., *L'Homme pluriel. Les ressorts de l'action,* Paris, Nathan, coll. «Essais & Recherches», 1998.
Une critique de la théorie du sens pratique et de l'habitus de Pierre Bourdieu dans la double voie d'une réflexivité pragmatique et d'une approche plurielle de l'acteur social.

Chapitre 3

Textes de base :

BERGER P. et LUCKMANN T., *La Construction sociale de la réalité,* trad. franç., Paris, Méridiens-Klincksieck, 1986 (1re éd. 1966).

BLOOR D., *Sociologie de la logique ou les limites de l'épistémologie,* trad. fr., Paris, Pandore, 1982 (1re éd. 1976).

CALLON M., «Éléments pour une sociologie de la traduction», *L'Année sociologique,* n° 36, 1986.

CICOUREL A.V., *La Sociologie cognitive,* trad. fr., Paris, PUF, 1979 (1re éd. 1973).

CICOUREL A.V., «Notes on the Integration of Micro- and Macro-Levels of Analysis», in KNORR-CETINA K. and CICOUREL A.V. (éds) *Advances in Social Theory and Methodology,* Boston, Routledge and Kegan Paul, 1981.

GARFINKEL H., *Studies in Ethnomethodology,* Englewoods Cliffs (N.J.), Prentice-Hall, 1967.

ELSTER J., *The Cement of Society,* Cambridge, Cambridge University Press, 1989.

LATOUR B. et WOOLGAR S., *La Vie de laboratoire*, trad. fr., Paris, La Découverte, 1988 (1re éd. américaine 1979).

LATOUR B., *La Science en action,* trad. fr., Paris, La Découverte, 1989 (1re éd. américaine 1987 ; réédition poche «Folio» en 1995).

SCHÜTZ A., *Le Chercheur et le quotidien,* trad. fr., Paris, Méridiens-Klincksieck , 1987 (sélection dans les *Collected Papers* I et II, publiés de manière posthume en 1962 et 1964).

Pour en savoir plus...

CALLON M. et LATOUR B., «Unscrewing the big Leviathan: how actors macro-structure reality and how sociologists help them to do so», in KNORR-CETINA K. and CICOUREL A.V. (éds) *Advances in social Theory and Methodology*, Boston, Routledge and KEGAN Paul, 1981.
Une tentative de dépassement de l'opposition micro/macro.

CONEIN B., «Langage ordinaire et conversation : recherches sociologiques et analyse du discours», *Mots,* n° 7, octobre 1983.
Une présentation de l'analyse de conversation.

COULON A., *L'Ethnométhodologie,* Paris, PUF, coll. «Que sais-je ?», 1987.

DUBAR C., *La Socialisation - Construction des identités sociales et professionnelles*, Paris, Armand Colin, 1991.

GRANOVETTER M. et SWEDBERG R., «La sociologie économique» (1re éd. américaine 1992), trad. fr., *Revue du MAUSS semestrielle,* n° 3, 1994.
Sur la construction sociale de l'économie.

MARIE J.-L., «La symbolique du changement», dans MABILEAU A. et SORBETS C. (éds) *Gouverner les villes moyennes*, Paris, Pedone, 1989.
Pour sortir de l'opposition entre «le symbolique» et «le matériel» en prenant appui sur P. BERGER et T. LUCKMANN.

MEHAN H., «Le constructivisme social en psychologie et en sociologie», *Sociologie et sociétés* (Montréal), trad. fr., vol. 14, n° 2, octobre 1982.
Un texte de synthèse par un ethnométhodologue de l'éducation américaine.

PADIOLEAU J. G., *L'Ordre social,* Paris, L'Harmattan, 1986.

Revue *Sociologie du travail*, «Travail et cognition» (avec des textes d'A.V. CICOUREL, de B. CONEIN et E. JACOPIN, de l'anthropologue cognitif américain E. HUTCHINS, d'I. JOSEPH ou de B. LATOUR), n° 4, 1994.

Chapitre 4

Textes de base :

BOLTANSKI L., *Les Cadres*, Paris, Minuit, 1982.

BOLTANSKI L., avec DARRÉ Y. et SCHILTZ M.-A., «La dénonciation», *Actes de la recherche en sciences sociales*, n°51, mars 1984 (repris dans *L'Amour et la Justice comme compétences,* Paris, Métailié, 1990).

BOURDIEU P., «Espace social et genèse des "classes"», *Actes de la recherche en sciences sociales,* n° 52-53, juin 1984.

DESROSIÈRES A. et THÉVENOT L., *Les Catégories socioprofessionnelles,* Paris, La Découverte, coll. «Repères», 1988.

DOUGLAS M., *Ainsi pensent les institutions,* trad. fr., préface de G. BALANDIER, Paris, Usher, 1989 (1re éd. 1986).

DURKHEIM É. et MAUSS M., «De quelques formes primitives de classification» (1903), repris dans M. MAUSS *Essais de sociologie,* Paris, Seuil, coll. «Points», 1971.

NOIRIEL G., *Les Ouvriers dans la société française, 19e-20e siècles*, Paris, Seuil, coll. «Points Histoire», 1986.

PIZZORNO A., «Sur la rationalité du choix démocratique», trad. fr., dans BIRNBAUM P. et LECA J. (éds.) *Sur l'individualisme,* Paris, Presses de la FNSP, 1986.

THOMPSON E.P., *La Formation de la classe ouvrière anglaise,* trad. fr., présentation de M. ABENSOUR, Paris, EHESS-Gallimard-Seuil, 1988 (1re éd. 1963).

ZERUBAVEL E., «La standardisation du temps – Une perspective socio-historique», trad. fr., *Politix*, n° 10-11, 2e et 3e trimestres 1990 (1re éd. 1982).

Pour en savoir plus...

COROUGE C. et PIALOUX M., «Chronique Peugeot», *Actes de la recherche en sciences sociales*, n° 52-53, 54, 57-58 et 60, 1984 et 1985.
Sur le travail syndical quotidien (des entretiens approfondis entre Christian Corouge, O.S. chez Peugeot, et le sociologue Michel Pialoux).

DURIEZ B., ION J., PINÇON M. et PINÇON-CHARLOT M., «Institutions statistiques et nomenclatures socioprofessionnelles — Essai comparatif, Royaume-Uni, Espagne, France», *Revue française de sociologie,* janv.-mars 1991.

ELGEY G., «De l'histoire sociale au "tournant linguistique" dans l'historiographie anglo-américaine des années 1980», *Genèses,* n° 7, mars 1992.

SCOTT J., *Gender and the Politics of History*, New York, Columbia University Press, 1988.
Un renouvellement féministe de l'analyse historique.

Chapitre 5

Textes de base :

BOLTANSKI L. et THÉVENOT L., *De la justification,* Paris, Gallimard, 1991 (1re éd. 1987).

BOLTANSKI L., *L'Amour et la Justice comme compétences,* Paris, Métailié, 1990.

CORCUFF P., «Théorie de la pratique et sociologies de l'action — Anciens problèmes et nouveaux horizons à partir de Bourdieu», *Actuel Marx,* n° 20, 2e semestre 1996.

DODIER N., «Les appuis conventionnels de l'action — Éléments d'une pragmatique sociologique», *Réseaux,* n° 62, nov.-déc. 1993.

DUBET F., *Sociologie de l'expérience,* Paris, Seuil, 1994.

ELSTER J. (éd.), *The Multiple Self,* Cambridge, Cambridge University Press, 1985.

GOFFMAN E., *Les Cadres de l'expérience,* trad. franç. d'I. Joseph, Paris, Minuit, 1991 (1re éd. 1974).

LAFAYE C., «Situations tendues et sens ordinaires de la justice au sein d'une administration municipale», *Revue française de sociologie,* vol. 31, n° 2 , avril-juin, 1990.

MEAD G.H., *L'Esprit, le soi et la société,* trad. franç., Paris, PUF, 1963 (1re éd. 1934).

SWIDLER A., «Culture in Action : Symbols and Strategies», *American Sociological Review*, vol. 51, n° 2, avril 1986.

Pour en savoir plus...

CAMUS A., CORCUFF P. et LAFAYE C., «Entre le local et le national : des cas d'innovation dans les services publics», *Revue française des affaires sociales*, vol. 47, n° 3, juil.-sept. 1993.
Un débat critique avec la théorie de l'action et la méthode d'Alain Touraine.

CHATEAURAYNAUD F., *La Faute professionnelle,* Paris, Métailié, 1991.
Un usage critique du modèle de la justification.

CORCUFF P., «Ordre institutionnel, fluidité situationnelle et compassion — Les interactions au guichet de deux Caisse d'Allocations Familiales», *Recherches et Prévisions,* (CNAF) n° 45, sept. 1996.

KAUFMANN J.-C., «Rôles et identité : l'exemple de l'entrée en couple», *Cahiers internationaux de sociologie*, juil.-déc. 1994.
Des pistes novatrices dans l'articulation des notions de *rôles* et d'*identité*, en puisant notamment dans les analyses de P. BERGER, N. ÉLIAS et E. GOFFMAN.

OGIEN A., «La décomposition du sujet», dans JOSEPH I. *et al.*, *Le Parler frais d'Erving Goffman,* Paris, Minuit, 1989.

POLLAK M., *Une identité blessée* (recueil posthume de textes), Paris, Métailié, 1993.
La gestion de l'identité dans des situations extrêmes comme celles des déporté(e)s des camps de concentration nazis et des malades du SIDA.

QUEIROZ J.-M. de et ZIOTKOWSKI M., *L'Interactionnisme symbolique,* Rennes, Presses universitaires de Rennes, 1994.

SINGLY F. de, «L'homme dual», *Le Débat,* n° 61, 1990.
Les tensions entre «raison utilitaire» et «raison humanitaire» au sein d'un «homme dual».

THÉVENOT L., «Pragmatique de la connaissance» dans BOAZEIX A. *et al.* (éds), *Sociologie et Connaissance,* Paris, Éd. du CNRS, 1998.
Un texte synthétique sur les derniers développements de la sociologie des régimes d'action ou régimes d'engagement.

QUELQUES REVUES

Les «nouvelles sociologies», couvrent un domaine *en mouvement.* Nous donnerons donc quelques indications sur certaines des revues scientifiques où s'expriment tout particulièrement les tendances novatrices de la sociologie et des sciences sociales.

Actes de la recherche en sciences sociales (précédemment publiée par les éditions de Minuit, aujourd'hui par les éditions du Seuil, la revue est dirigée par Pierre Bourdieu).

Cahiers du Centre d'études de l'emploi (publiée aux Presses Universitaires de France) : y sont notamment développées sur le terrain de l'emploi et du travail, des analyses proches du courant dit de «l'économie des conventions».

Enquête — Anthropologie Histoire Sociologie (Éditions Parenthèses, Marseille, diffusion PUF) : la dernière née des revues, se proposant de favoriser, autour de la question de l'enquête, des échanges interdisciplinaires aiguillonnés par les récentes analyses épistémologiques de Jean-Claude Passeron.

Espaces Temps : une revue, au départ, de géographes et d'historiens, qui s'intéresse tout particulièrement aux nouveaux paradigmes dans les sciences sociales.

Genèses — Sciences sociales et histoire (éditée par Belin) : une revue pluridisciplinaire autour de la problématique de la genèse, et donc d'un intérêt particulier pour l'histoire.

Hermès — Cognition, Communication, Politique (éditée par le CNRS) : revue pluridisciplinaire où sont présentées des recherches de philosophie et de sciences sociales autour de la communication (comme les orientations développées dans le sillage de Jürgen Habermas) et de la cognition (dont les débats des sciences cognitives).

Mouvements (publiée par La Découverte) : une revue au carrefour des nouveaux courants des sciences sociales, de la philosophie, des mouvements sociaux et de l'action politique.

Politix, aujourd'hui par l'Harmattan (précédemment éditée par les Presses de la Fondation nationale des sciences politiques) : animée par de jeunes universitaires et chercheurs en science politique, une revue qui s'est d'abord plutôt orientée vers les travaux inspirés de la sociologie de Pierre Bourdieu et qui, depuis, a élargi ses centres d'intérêt sur le plan national et international.

Quelques revues

Raisons pratiques (Éditions de l'École des Hautes Études en Sciences Sociales) : ce n'est pas vraiment une revue mais une collection de livres qui ressemble à une revue, puisqu'il s'agit de volumes collectifs à chaque fois sur un thème, avec un fort accent sur la dimension théorique (voire philosophique).

Réseaux — Communication Technologie Société (éditée par le CNET) : des analyses ethnométhodologiques, de nouvelles approches de l'action ou la théorie de l'agir communicationnel de Jürgen Habermas ont pu, entre autres, être découverts grâce à cette revue.

Revue du MAUSS (éditée par les éditions La Découverte) : sous l'impulsion d'Alain Caillé (directeur de publication), une constellation de disciplines et de travaux convergeant vers la critique de l'utilitarisme et promouvant de nouveaux liens entre sociologie et économie comme entre sciences sociales et philosophie.

Dans la même collection

Domaine : Sciences sociales

18. François de Singly, *L'Enquête et ses méthodes : le questionnaire*
19. Alain Blanchet, Anne Gotman, *L'Enquête et ses méthodes : l'entretien*
37. François de Singly, *Sociologie de la famille contemporaine*
41. Marcelle Stroobants, *Sociologie du travail*
46. Yves Grafmeyer, *Sociologie urbaine*
69. Philippe Adam, Claudine Herzlich, *Sociologie de la maladie et de la médecine*
98. Claudette Lafaye, *Sociologie des organisations*
99. Catherine Rollet, *Introduction à la démographie*
107. Jean-Manuel de Queiroz, *L'École et ses sociologies*
119. François Laplantine, *La Description ethnographique*
122. Daniel Bertaux, *Les Récits de vie*
124. Jean Copans, *Introduction à l'ethnologie et à l'anthropologie*
137. Jean-Claude Kaufmann, *L'Entretien compréhensif*
184. Jérôme Lafargue, *La protestation collective*
209. Martine Segalen, *Rites et rituels contemporains*
210. Jean Copans, *L'Enquête ethnologique de terrain*
216. Anne-Marie Arborio, Pierre Fournier, *L'Enquête et ses méthodes : l'observation directe*

N° de projet : 10066155 - (IV) - (12) - OSBB - 80 - IC — Mars 1999
Imprimé en France par Pollina, 85400 Luçon - n° 77142